RITA EFINGER-KELLER

HIMMELS-DUFT und STERNEN-LICHT

Neue Ideen für
Advent und Weihnachten

PATMOS VERLAG

*Liebe Ully – ohne dich gäbe es dieses Buch nicht.
Danke für deine Ermutigung, Inspiration und die
klaren Worte schon seit vielen Jahren!
Herzlich, Rita*

INHALT

Weihnachtswege 9
Wir machen uns bereit und wandern Weihnachten entgegen

Zeichen und Wunder 21
Traditionen und Symbole – immer wieder neu

Alle Jahre wieder 39
Feste feiern, gestalten, genießen

Familienzeit 57
Die Weihnachtsferien gemeinsam erleben

Weihnachten – für mich 69
Mehr als ein Familienfest

Advents- und Weihnachtsfahrplan 79

EINLADUNG

Weihnachten, das große Geburtstagsfest Gottes auf der Welt. Wir pflegen liebgewonnene Traditionen und suchen zugleich nach neuen Möglichkeiten, diese Zeit für uns und andere zu gestalten. Vorbereitung und Vorfreude in den Wochen zuvor, Mußestunden und Nachklang im Anschluss, und dazwischen ein Höhepunkt, den wir in seiner Dimension nicht erfassen können – all das macht Weihnachten zu einem ganz besonderen Fest. Gerne lade ich dazu ein, die Weihnachtszeit aufs Neue zu entdecken und zu gestalten – mit Himmelsduft und Sternenlicht.
Viel Freude beim Schmökern und Ausprobieren wünscht
Rita Efinger-Keller

Hinweise:
Zur besseren Orientierung finden Sie in diesem Buch kleine Bildsymbole. Sie haben folgende Bedeutung:

 Ruhig werden

 Spielen und Bewegen

 Lesen und Vorlesen

 Singen

 Kochen und Backen

 Malen und Basteln

 Miteinander sprechen:
Dieser Text kann als Anregung für ein Gespräch in der Familie dienen.

Für manche Aktionen braucht es, je nach Alter der Kinder, hilfreiche und aufmerksame Erwachsene. Dies ist bei den Anleitungen nicht extra erwähnt. Entscheiden Sie selbst.

WEIHNACHTSWEGE
Wir machen uns bereit und wandern Weihnachten entgegen

Nur Sitzen und Warten, bis es endlich Weihnachten wird? Lasst uns lieber losgehen, Weihnachten entgegen! Es gibt viele Wege.

Viele Wege führen nach Weihnachten

Große Feste brauchen Vorbereitung. So ging in früheren Zeiten ein „Hochzeitslader" herum, der im Auftrag des Brautpaares die Gäste zur Hochzeit einlud. Wenn man das auf die Weihnachtszeit überträgt, ist ein solcher „Weihnachtslader" schon Sankt Martin: Er lädt uns ein, beim Geburtstagsfest Gottes mit dabei zu sein! Und tatsächlich begann früher die Weihnachtszeit an seinem Festtag, dem 11.11. Wir können uns also rechtzeitig auf den Weg machen.

Vier Sonntage vor Weihnachten beginnt dann der Advent. Diese Sonntage sind so etwas wie regelmäßige Rastplätze auf dem Weg nach Weihnachten. Der dritte von ihnen hat sogar einen schönen Namen, er heißt „Gaudete" – „Freut euch!"

Und bestimmt kennst du auch Barbara, Nikolaus und Luzia, deren Heiligenfeiertage im Advent liegen. Für uns können sie so etwas wie Wegweiser sein zur Krippe.

Und dann sind da noch die tollen Adventskalender, die uns über Weihnachten hinaus bis zum Ende der Festzeit bringen – Wegbegleiter, die uns das Gehen hin auf Weihnachten ein bisschen leichter machen. Und auch am Wegrand gibt es viel Schönes zu sehen und zu erleben: Basteleien, Backnachmittage, heimliche Vorbereitungen, ein gemütlicher Weihnachtsmarktbesuch, Singen und Spielen, eine Lichtfeier …

Ab und zu ist es gut, innezuhalten und zu schauen: Wo laufen wir denn hin? Was erwartet uns dort? Was kommt danach? Und: Wer ist mit uns unterwegs? Los geht's …

Adventsmemory

Der Advent ist eine Zeit der verheißungsvollen Bilder, die uns vor allem aus Zeitschriften und Prospekten entgegenleuchten. Fotos von leckeren Plätzchen, verschneiten Landschaften, brennenden Kerzen oder schön verpackten Geschenken sind da zu sehen. Daraus lässt sich sehr leicht ein tolles Adventsmemory-Spiel basteln.

Dafür brauchst du:
- Blanko Memory-Karten (Bastelbedarf)
- Prospekte, Werbung, Zeitungen, in denen du die Bilder finden kannst

Lege nun zwei Memory-Karten direkt nebeneinander auf das ausgewählte Bild und zeichne den Umriss der Karten darauf. Schneide nun dieses Rechteck aus und dann einmal in der Mitte durch. Klebe die beiden Teile auf jeweils eine Memory-Karte. Nun hast du zwei Bilder, die zwar nicht genau gleich sind, aber erkennbar zusammengehören – nur zusammen ergeben sie ein Bild. Wenn du genügend Motive zusammen hast, kann es losgehen mit Spielen – viel Spaß!

Anmerkung: So ist es ein Spiel für etwas größere Kinder. Für kleinere könntest du dir ein paar Dinge überlegen, die unbedingt zu Weihnachten gehören, und diese als einfache Bilder auf die Kärtchen malen. Zum Beispiel einen Adventskranz, Lebkuchen, die Krippe, den Weihnachtsbaum, ein Geschenk, eine Kerze, einen Adventskalender, ein Schaf, den Weihnachtsstern und so weiter.

Tag für Tag

24 Tage sind es im Dezember, dann ist Weihnachten. Das weiß jedes Kind. Aber es ist auch schön, wenn unsere Augen sehen können, wie es vorangeht, wie viele Tage also noch fehlen, bis wir die Geburt des Jesuskindes feiern können, wie oft wir noch schlafen müssen, bis das große Fest da ist.

Die Sternenspirale

An unserem großen Wohnzimmerfenster erscheint deshalb Jahr für Jahr eine Spirale. Sie besteht aus ganz unscheinbaren kleinen Klebepunkten. Wie viele es sind, hängt von der Anzahl der Tage im Advent ab – manchmal ist der erste Advent ja schon im November. Auf dem Fensterbrett steht ein Körbchen mit selbstgebastelten Sternen. Jeden Tag wird gleich nach dem Aufstehen ein neuer Stern auf einen Klebepunkt gedrückt. So wächst die Sternspirale von außen nach innen. Immer dichter wird sie, bis schließlich am 24. Dezember ein besonders schöner Stern die Mitte schmückt. Und jeder kann sehen: Jetzt ist Weihnachten!

Der Krippenplatz

Jesus, Gottes Sohn, ist in einem Stall zur Welt gekommen. Daran erinnert uns die Weihnachtskrippe. Oft wird sie erst an Heiligabend vom Dachboden geholt. Ich finde es schön, die Krippe schon zu Beginn des Advents an ihren Platz zu stellen und eine Landschaft drum herum zu gestalten. Wenn du magst, baue die Fundstücke des vergangenen Jahres mit hinein: die schönsten Muscheln vom Strand, der Bergkristall aus der Schweiz, die besonderen Steine von der Ostsee … Auch Hirten und Schafe finden sich dann ein.

Maria und Josef aber machen sich auf den Weg durchs Wohnzimmer. Jeden Tag werden sie ein Stück weitergerückt, näher zum Stall. Dazu passt dieses Lied sehr gut:

Seht, die gute Zeit ist nah

Dazu können folgende Begleitstimmen gesungen werden:

Text: Friedrich Walz, © Erlanger Verlag für Mission und Ökumene; Melodie: aus Tschechien, Bearbeitung: Richard Rudolf Klein, © Fidula-Verlag, www.fidula.eu

Wer mag, kann auch die besonderen Heiligentage mit einfließen lassen, z. B. ein Kirschzweig am Barbaratag, ein Nikolaus-Symbol, ein Luzia-Licht. Oder die Figuren aus einer fortlaufenden Adventsgeschichte finden hier ihren Platz, bis zum Schluss auch noch die Sterndeuter aus dem Osten erscheinen. Die Krippe darf nach altem Brauch bis zum Tag „Mariä Lichtmess" stehen bleiben, das ist der 2. Februar!

Nikolaus

Einer der großen „Wegweiser" im Advent ist Nikolaus. Als Himmelsbote kommt er alljährlich am Abend des 5. Dezembers zu uns. Um ihn ranken sich viele Geschichten und Legenden. Sie alle erzählen von seinem Gottvertrauen und seiner Hilfsbereitschaft. Er muss ein sehr besonderer und liebevoller Mensch gewesen sein. Deshalb erinnern wir uns noch heute an ihn und feiern sein Fest, und deshalb beschenkt er uns Jahr für Jahr mit guten Gaben. Er erinnert uns daran, was uns schon geglückt ist – und was wir noch besser machen können, um ein gutes Leben zu haben.
Leider reicht hier der Platz nicht aus für all die Lieder, Gedichte und Geschichten, die es über den heiligen Bischof gibt. Ich habe deshalb ein ganz neues und einfaches Lied erfunden – singt es doch dem Nikolaus bei seinem Besuch vor, er freut sich bestimmt!

Viele gute Ideen, Spiele, Texte und Basteleien rund um das Nikolausfest findest du in meinem Buch „Lasst uns froh und munter sein – Nikolaus feiern".

Barbara und Luzia

Auch diese beiden haben ihren festen Platz im Advent. Sie wollten gerne zu Jesus und zu den Christen gehören. Das war zu einer Zeit, als das Christentum noch gar nicht erlaubt war. Deshalb wurden sie beide gefangen genommen und getötet, wie traurig! Dennoch denken wir noch immer an sie.
Wenn wir am 4.12. in den Garten gehen, Zweige von Obstbäumen abschneiden und sie in die Vase stellen, so blühen sie an Weihnachten. Das erinnert uns an die heilige Barbara. Die Zweige sehen zunächst hart und tot aus, aber voller Staunen beobachten wir, wie das Leben neu erwacht.
Luzia, die „Leuchtende", wird am 13.12. besonders in Schweden gefeiert. **Vielleicht magst du mehr über dieses schöne Fest herausfinden?**

Liebe Leserin, lieber Leser,

gerne informieren wir Sie künftig über unsere Neuerscheinungen. Teilen Sie uns mit, für welche Themen Sie sich interessieren und schicken einfach diese Karte zurück.
Wenn Sie außerdem unsere Fragen auf der Rückseite beantworten, helfen Sie uns, zukünftig genau die Bücher zu machen, die SIE interessieren!

Gerne revanchieren wir uns für Ihre Mühe:
Unter allen Einsendern verlosen wir monatlich Bücher aus unseren Programmen im Wert von € 50,-

VORNAME / NAME

STRASSE / HAUSNUMMER

PLZ / ORT

E-MAIL

Bei Angabe Ihrer Mail-Adresse erhalten Sie rund 6 Mal jährlich unseren

Antwort

VERLAGSGRUPPE PATMOS

Senefelderstraße 12
D-73760 Ostfildern

Ihre Meinung ist uns wichtig!

Diese Karte lag in dem Buch:

....

Ihre Meinung zu diesem Buch:

....

....

....

Wie sind Sie auf dieses Buch gestoßen?

- ○ Buchbesprechung in:
- ○ Anzeige in:
- ○ Verlagsprospekt
- ○ Entdeckung in der Buchhandlung
- ○ Internet
- ○ Empfehlung
- ○ Geschenk

Für welche Themen interessieren Sie sich?

- ○ Religion
- ○ Spiritualität & Lebenskunst
- ○ Kinder & Familie
- ○ Kirche & Gemeinde
- ○ Theologie & Religionswissenschaft

- ○ Garten / Kochen / Wohnen
- ○ Kalender & Geschenke
- ○ Psychologie & Lebenshilfe
- ○ Geschichte/Geschichtswissenschaft

Fordern Sie unsere aktuellen Themenprospekte an:
bestellungen@verlagsgruppe-patmos.de
Fax +49.711.4406-177
Tel. +49.711.4406-194

Einen Überblick unseres **Gesamtprogramms** finden Sie unter
www.verlagsgruppe-patmos.de

PATMOS
ESCHBACH
GRÜNEWALD
THORBECKE
SCHWABEN

Die Verlagsgruppe
mit Sinn für das Leben

Nikolaus, du Lieber

1. Nikolaus, du Lieber,
   komm doch zu uns rüber,
   bist ein Freund für Groß und Klein,
   lädst uns heut zu Weihnacht ein,

   Refrain:
   so wie jedes Jahr,
   das wird wunderbar.

2. Nikolaus, dein goldnes Buch,
   bringst du mit zu dem Besuch,
   für alle Freude, allen Schmerz,
   hast du ja ein gutes Herz,
   Refrain

3. Nikolaus, du guter Mann,
   komm nur gleich zu uns heran,
   deine Gaben, fein und gut,
   geben Kraft und machen Mut,
   Refrain

Mach Platz für den Schatz!

Was ist eigentlich dein Lieblingsgetränk? Ich meine so eines, das es vielleicht nur selten gibt und auf das du dich richtig freust – vielleicht eine besondere Limonade? Spürst du schon den Geschmack auf der Zunge?

Und jetzt stell dir vor: Leider kannst du es aber gar nicht trinken, denn vor dir steht noch ein fast volles Glas. Und was drin ist, ist abgestanden. Lauwarm. Süß. Ein Mischmasch mit undefinierbarer Farbe.

Würdest du dein Lieblingsgetränk dazu gießen? Sicher nicht. Bestimmt würdest du das Glas ausleeren und sauber ausspülen – und dann die Köstlichkeit einfüllen, um sie Schluck für Schluck zu genießen.

So ist das auch mit Weihnachten. Wenn dein Zimmer schon fast aus allen Nähten platzt vor lauter Spielzeug, Klamotten, Kram, dann hat nichts Neues mehr Platz. Wenn du bereits seit September Lebkuchen gefuttert hast, die komplette Wohnung im November beinahe unter der Weihnachtsdeko zusammenbricht und du nur noch von Weihnachtsfeier zu Weihnachtsfeier rennst, dann geht die echte Weihnachtsfreude unter.

Darum ist es gut, Platz zu machen in unserem Leben – für Weihnachten. Je näher wir ihm kommen, desto mehr kann sich dann unser „Glas", also unser Herz füllen mit echten Kostbarkeiten: Freude am Zusammensein. Staunen über die Natur im Winter. Düfte genießen. Geschenke selbst machen. Der Stille lauschen. Zusammen singen oder spielen. Gott hereinlassen …

Weihnachtsbäckerei ohne Zimt und die anderen typischen Gewürze? Bei uns fast nicht denkbar. Du kannst aber auch noch etwas anderes damit tun: Farbe herstellen! Du brauchst dazu noch ein Bindemittel, sonst hält die Farbe nicht auf dem Untergrund. Schon vor Jahrtausenden haben Menschen herausgefunden, dass sich dazu Eier sehr gut eignen. Probier es einfach aus!

Das Mandala-Experiment

Du brauchst:
- 1 Ei, aufgeschlagen und gut verrührt
- 1 TL Sonnenblumenöl
- pulverisiertes Gewürz – ich habe Zimt, Curcuma (Gelbwurz) und Rote-Beete-Pulver verwendet
- 1 Orangenscheibe, ganze Nelken, 1 Mohnkapsel, 1 Apfelkerngehäuse und Ähnliches
- mehrere Blätter Papier

Und so geht's:
Stelle die Hälfte des Eis beiseite und verwende sie zum Kochen oder Backen. Verrühre das restliche Ei mit dem Öl und gib 1–2 Teelöffel auf einen Teller. Schütte nun genügend Curcuma dazu und verrühre alles, bis eine leuchtend gelbe Masse entstanden ist. Damit kannst du nun z. B. die Orangenscheibe vorsichtig bestreichen und einen Abdruck machen. Am besten, du legst gleich mehrere Papiere nebeneinander und suchst dir hinterher das schönste aus. So kannst du nun auch die anderen Farben herstellen und sie aufs Papier stempeln, mit Pflanzenstengeln tupfen oder Linien zeichnen.
Und am Schluss ans Abspülen denken!

Advent, die Zeit der Himmelsdüfte

Kinderpunsch, Tannenzweig, Kerzenrauch, Lebkuchenteig, Orangenschalen, Plätzchenduft, Schneegeruch liegt in der Luft. Zimt + Mandeln, dies + das ... SCHNUPPERN, SCHMECKEN, DAS MACHT SPASS!

Räuchermännchen

Vor fast 200 Jahren hatten Holzspielzeugmacher im Erzgebirge eine gute Idee. Sie erfanden nämlich die „Räuchermännchen". Das sind kleine Figuren, in deren Innerem Räucherkegel verbrannt werden können. Der Rauch und somit auch der Duft entströmen durch eine Öffnung im Mund der Figur. Bestimmt hast du so etwas schon einmal gesehen. Vielleicht hast du auch Lust, selbst ein Räuchermännchen zu basteln? Es könnte auch ein Räuchertürmchen oder ein Räuchertier sein. Oder ein Weihnachtswichtel! Ton oder Modelliermasse sind dafür sehr gut geeignet. Falls du aber solches Material nicht im Haus hast und sofort loslegen willst, kannst du auch selbst eine Modelliermasse aus Mehl, Salz und Öl herstellen.

Dafür brauchst du:
- 1 Tasse Mehl
- jeweils ½ Tasse Salz und Wasser
- ½ TL Öl

Und so geht's:
Mische alles in einer Schüssel und knete einen festen Teig daraus – und schon kannst du dein Räuchermännchen formen. Denk daran, dass es hoch genug wird, damit ein Rauchkegel hineinpasst, und vergiss auch nicht die Öffnung für den Rauch. Vielleicht kannst du ins Innere ein Stück Alufolie zur Stabilisierung einbauen. Dann kann der Teig an der Luft trocknen. Du kannst die Figur aber auch mit den Weihnachtsplätzchen mitbacken – Achtung, nicht zu lang! Anschließend nimm dir Wasserfarben und vollende das Kunstwerk. Benutze zum Räuchern eine feuerfeste Unterlage.

Und noch ein Duft, der einfach himmlisch riecht:

Zirbelholz

Die Zirbelkiefer ist ein Nadelbaum, der sehr hoch in den Bergen wächst, auf zwischen 1300 und 2850 Metern! Sie ist der frosthärteste Baum der Alpen und wird bis zu 1000 Jahre alt. Ganz besonders aber ist ihr Duft: süß-würzig, frisch, sauber, beruhigend, weit … Vielleicht ist das so, weil dieser Baum dem Himmel so nah ist?
Eine Schale voller Zirbelspäne auf dem Schreibtisch hilft, klarer zu denken. Ein kleines Zirbelkissen im Bett fördert einen ruhigen und erholsamen Schlaf. Wäre das nicht ein gutes Weihnachtsgeschenk? Nähe ein Säckchen, fülle es mit Spänen, die du bei einem Zirbelschreiner bestellen kannst, und schließe die Öffnung – schon fertig.

Jetzt im Advent könntest du eine Bastelstube einrichten für Geschenke aller Art …

Weihnachtspostkarten

Dafür gibt es natürlich tausend Möglichkeiten. Einfach genial finde ich diese Methode:

Du brauchst:
- kleine Stücke (Quadrate, Rechtecke, Dreiecke) dicken Karton (z. B. von einer Zeichenblockrückseite)
- Ölpastellkreiden, Bleistift
- zugeschnittenes festes Papier in Kartengröße

Und so geht's:
Male mehrere Farben Ölpastellkreide nebeneinander dick auf den Karton. Lege eine Karte darauf und streiche fest über die Kanten des Kartons, sodass das Papier etwas eingeprägt wird. Zeichne dann mit festem Druck ein Motiv auf das Papier – an dieser Stelle überträgt sich die Farbe auf die Karte. Abziehen, umdrehen, staunen!

1

2

3

4

Achtung bei Schrift! Hier musst du rückwärts denken.

Alte Bräuche

Herberge geben

Maria und Josef kamen in einem Stall unter, weil in der Herberge kein Platz für sie war, so erzählt es die Bibel.

„Herberge" – ein altmodisches Wort, das wir heute eigentlich nur noch in „Jugendherberge" benutzen. Darin steckt der Begriff „bergen", und das kennen wir auch im Zusammenhang mit „geborgen sein". Wir würden ganz einfach von einem Gasthaus oder Hotel sprechen, das im Fall von Maria und Josef komplett ausgebucht war.

In der Fantasie der Menschen entstand aus diesem Halbsatz die Geschichte von der Herbergssuche, in der das heilige Paar überall unfreundlich abgewiesen wurde. Vielleicht kennst du das alte Lied **„Wer klopfet an?"** (GL 921,4)?

Herbergs-Muttergottes

In manchen Gegenden hat sich ein schöner Brauch entwickelt. Dort wird im Advent eine Marienstatue von einer Familie zur anderen weitergegeben um zu zeigen: Wir möchten gerne Gott bei uns aufnehmen, bei uns soll die Mutter von Jesus einen Platz bekommen. Bei der Übergabe der Statue können die Familien gemeinsam singen, spielen und beten, gemütlich Tee trinken und miteinander reden. Das ist ganz und gar nicht altmodisch, sondern richtig schön und besonders.

„Beten" und „bitten", diese Worte sind eng verwandt. Folgende Bitten können wir an Gott richten und dabei jeweils eine Kerze entzünden, die wir zur Marienfigur stellen.

Du unser guter Gott, du hast die heilige Familie mit deinem Licht und Segen begleitet. Wir bitten dich:

* für die Familien auf der ganzen Welt. Begleite sie mit deinem Licht und Segen.
* für alle Familien, die ein Kind erwarten. Begleite sie …
* für alle Eltern, die nach einem guten Weg für sich und ihre Kinder suchen. Begleite sie …
* für alle Kinder, damit sie haben, was sie zum Leben brauchen. Begleite sie …
* für alle Menschen, die auf der Flucht sind. Begleite sie …
* für alle Menschen, die kein Zuhause haben. Begleite sie …
* für alle Menschen, die Heimat und Geborgenheit suchen. Begleite sie …
* für uns alle. Begleite uns …

Du guter Gott gibst uns dein Licht und deinen Segen.
Lass uns die Zeichen deiner Nähe erkennen.
Öffne uns das Herz, wenn du in der Not unserer Mitmenschen zu uns sprichst und lass uns das Richtige tun.
Wir spüren und wissen: Du bleibst bei uns. Danke!
Amen.

(In Anlehnung an Gotteslob Nr. 921,5)

> Auch in unserer Zeit heute sind viele Menschen ohne „Herberge", ohne einen Ort, an dem sie geborgen sind. Wie können sie bei uns einen Platz bekommen?

Alte Lieder neu entdecken

„Wir sagen euch an den lieben Advent. Sehet, die erste Kerze brennt ..."
„Macht hoch die Tür, die Tor macht weit ..."
„Es kommt ein Schiff geladen bis an sein höchsten Bord ..."

Zu allen Zeiten haben sich Menschen Advents- und Weihnachtslieder ausgedacht und gesungen. Es sind Lieder der Hoffnung, des Friedens, der Freude. Manche sind für uns nicht mehr so leicht zu verstehen, und dennoch fühlen wir, was gemeint ist. Der älteste Text, den ich finden konnte, stammt von Ambrosius von Mailand (339–397 n. Chr.) und wurde ursprünglich auf Latein geschrieben: **„Komm, du Heiland aller Welt"**, heißt das Lied.

Viele Menschen lieben auch das alte Lied:

Maria durch ein Dornwald ging

1. Maria durch ein Dornwald ging. Kyrie eleison. Maria durch ein Dornwald ging, der hat in sieben Jahrn kein Laub getragen. Jesus und Maria.

2. Was trug Maria unter ihrem Herzen? Kyrie eleison. Ein kleines Kindlein ohne Schmerzen, das trug Maria unter ihrem Herzen. Jesus und Maria.

3. Da haben die Dornen Rosen getragen. Kyrie eleison. Als das Kindlein durch den Wald getragen, da haben die Dornen Rosen getragen. Jesus und Maria.

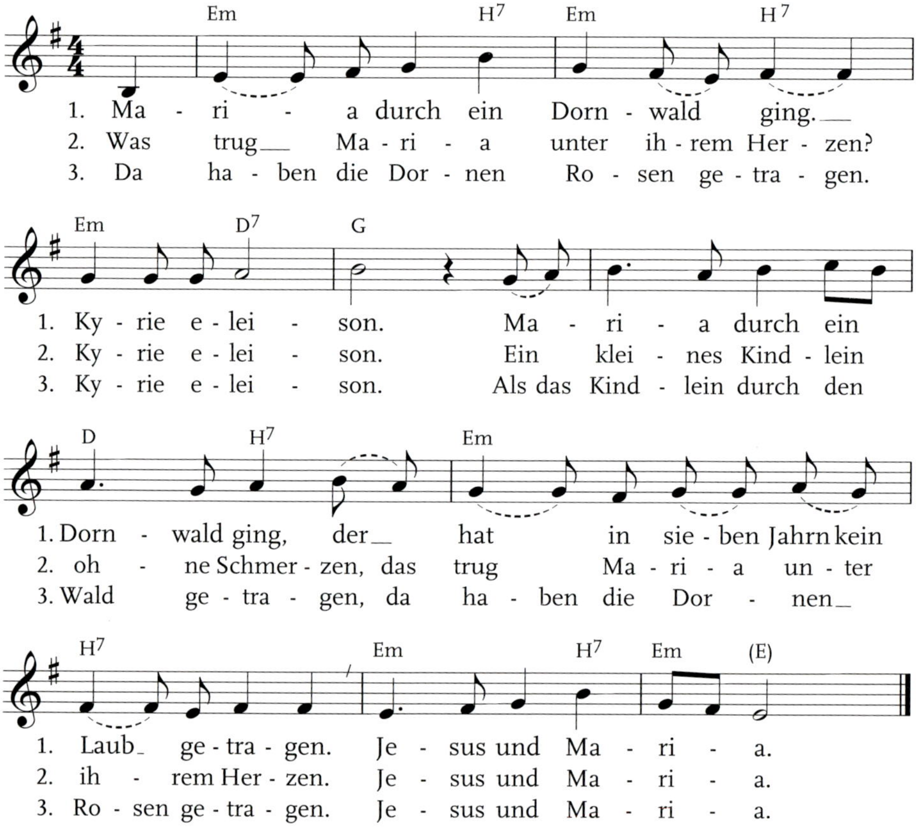

Es lässt sich mit einer Kindergruppe leicht darstellen:

Eine Person hält ein Windlicht mit brennender Kerze. Alle anderen erhalten je ein Chiffontuch, das sie ganz klein in einer Faust zusammenballen. In der ersten Strophe sehen und erleben wir den Dornwald. Alle stehen oder kauern dichtgedrängt zusammen. Eine Hand wird nach außen gestreckt, die Finger gespreizt. Die Faust versteckt sich hinter dem Rücken. Das Gesicht zeigt zum Boden.

In der zweiten Strophe kommt das Kind mit der Kerze und geht um den Dornwald herum. Nun heben sich die Gesichter und sehen das Licht.

In der dritten Strophe bewegen sich die Kinder, aus den geöffneten Fäusten wachsen die „Rosen" hervor und wiegen sich sanft im Wind.

Ab dem Heiligen Abend hat die Zeit des Wartens ein Ende. Jetzt kommen die Weihnachtslieder an die Reihe! Es gibt so viele, alte und neue.
Mein liebstes Weihnachtslied heißt **„Ich steh an deiner Krippen hier"** – es hat eine sehr schöne Sprache und eine wunderbare Melodie, die Johann Sebastian Bach 1736 komponiert hat. Von ihm stammt auch das berühmte Weihnachtsoratorium, in dem die Weihnachtsgeschichte musikalisch erzählt wird.
Und was ist dein Lieblingsweihnachtslied?

Zwischen den Jahren

Die Tage zwischen Weihnachten und dem Dreikönigsfest werden von vielen Menschen als eine besondere Zeit wahrgenommen – es ist ein bisschen so, als ob das Jahr den Atem anhält, als ob Himmel und Erde sich näher sind als in anderen Zeiten.

Schon immer gab es viele besondere Bräuche rund um diese sogenannten Raunächte. Mit „Nacht" war übrigens die dunkle Zeit des Jahres, also die Jahresnacht gemeint. Der Sommer wäre somit die Mittagszeit des Jahres. In diesen Tagen wurde ausgeruht, man saß zusammen und hatte Zeit zum Reden. Es durfte nicht gearbeitet, nicht gewaschen, geputzt und gekocht werden. Deshalb kamen Speisen auf den Tisch, die schon im Voraus zubereitet werden konnten und nicht so schnell schlecht wurden, also so etwas wie Gewürzbrote, geräucherte Würste oder Pasteten. Häuser und Ställe wurden ausgeräuchert, um das Böse zu vertreiben (und bestimmt auch das Ungeziefer). Und man beobachtete genau, was am Himmel vor sich ging, weil man das als Wettervorhersage für das ganze Jahr betrachtete. Das war vor allem für die Bauern wichtig, um herauszufinden, ob sie wohl eine gute Ernte bekommen würden.

Wetterkalender

So etwas kannst du auch ausprobieren. Kopiere diesen Wetterkalender etwas größer, klebe ihn auf ein Stück Karton und hänge ihn neben einem Fenster auf. Lege Buntstifte bereit. Beobachte nun 12 Tage lang das Wetter.
Male nun die Monatsnamen dem jeweiligen Wetter entsprechend farbig an: Wenn es also am 25. Dezember zum Beispiel sehr kalt war, dann male im Kalender den Januar blau an, wenn es am 26. Dezember geregnet hat, dann male den Februar im Kalender grün an und so weiter. Am 5. Januar bist du dann im Wetterkalender beim Dezember angekommen. Nun kannst du ein Jahr lang jeden Abend ein Feld farbig markieren und vergleichen, ob deine Wettervorhersage gestimmt hat.

WETTERKALENDER

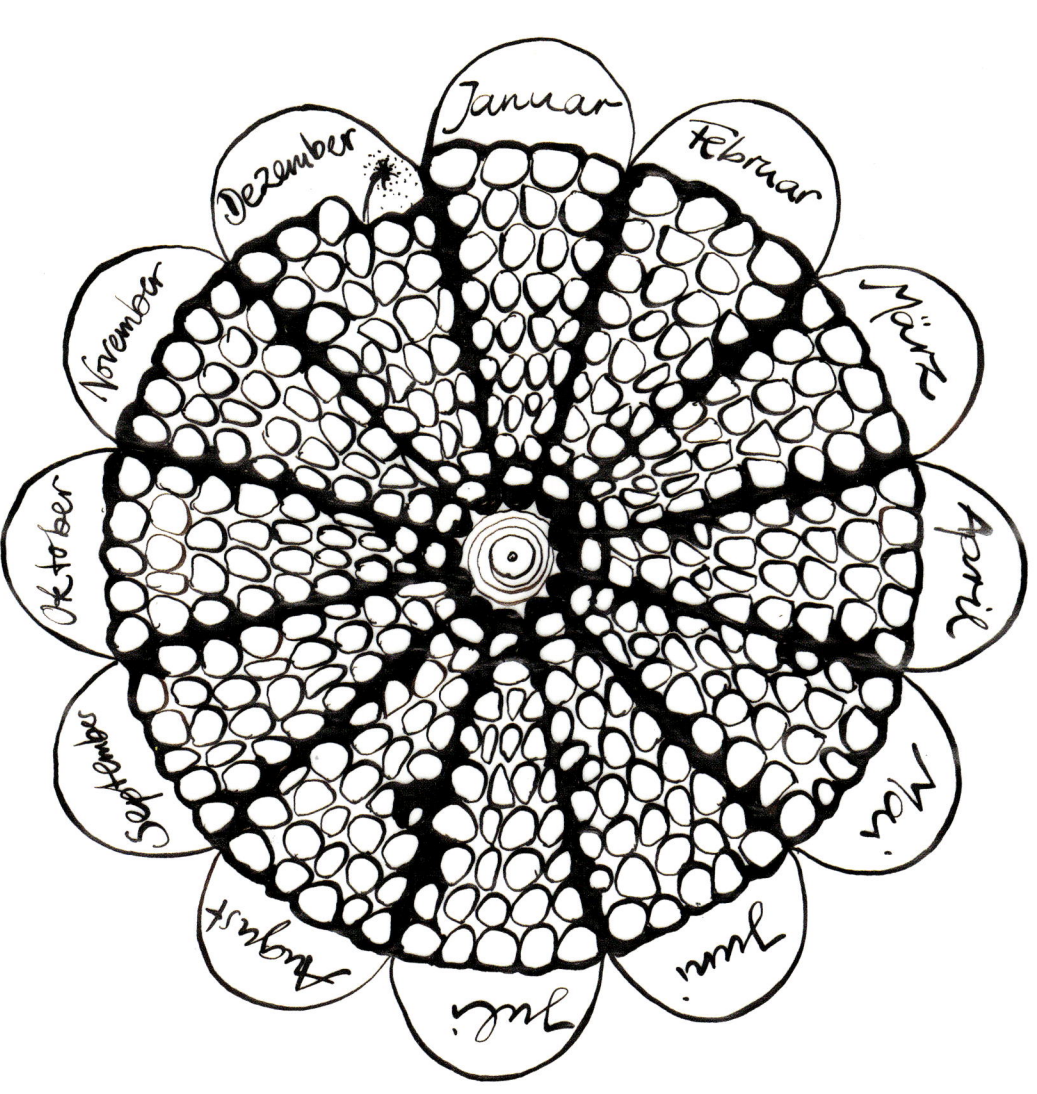

Gelb: sonnig
Blau: kalt
Grün: Regen
Lila: viele Wolken
Rot: viel Wind

Ein neues Jahr

Die Weihnachtswege sind noch lange nicht zu Ende. Am Ende des Buches (S. 84) siehst du einen „Weihnachtsfahrplan" mit allen Festen, die es in dieser Zeit sonst noch gibt. Besonders schön finde ich den Tag, an dem die Ankunft der Heiligen Drei Könige gefeiert wird – das ist der 6. Januar. In diesen Tagen sind auch die Sternsinger unterwegs.

Die Kinder und Jugendlichen bringen, verkleidet als „Drei Könige", den Segen in die Häuser, singen ihr Lied und sammeln Geld für viele wichtige Kinder-Hilfsprojekte. Das Kindermissionswerk „Die Sternsinger" unterstützt auf diese Weise notleidende Kinder in über 100 Ländern mit Tatkraft, Fantasie und vielen Spendengeldern. Am allerbesten: selbst mitmachen! Anderen Kindern helfen und dabei viel Spaß haben.

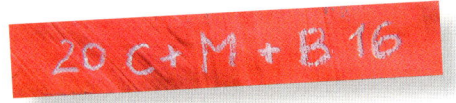

Auch sehr gut: Im Internet unter **www.sternsinger.org** nachschauen. Dort gibt es viele Informationen, schöne Filme, ein spannendes Online-Spiel und viel Material und Hinweise, wie Kinder anderen Kindern helfen können.

ZEICHEN UND WUNDER

Traditionen und Symbole – immer wieder neu

Kleine Freuden und gute Gaben: Sterne, Engel, Düfte, Adventskranz, Kalender, Christbaum und Lichterglanz, sie alle deuten hin auf den wichtigsten Geburtstag des Jahres.

Der Adventskranz

„Eine runde Sache" sagen wir, wenn wir denken, dass etwas ganz und gar in Ordnung ist. Auch der Adventskranz ist solch eine „runde Sache" und er enthält viele Zeichen, die du ganz leicht verstehen kannst.

Der Kranz in unsrer Mitte

2. Kein Anfang und kein Ende hat unser schöner Kranz,
   so ist auch Gottes Liebe unendlich groß und ganz.

3. Und frische, grüne Zweige, die sagen es uns ja:
   Der Herbst verging, der Winter kommt, doch Gott ist immer da.

4. Beim Warten auf das Christkind helfen vier Kerzen sehr,
   denn jeden Sonntag im Advent brennt eine Kerze mehr.

5. Der Himmel kommt zur Erde in hellem Lichterglanz,
   drum schmücken all die Sterne so prächtig unsern Kranz.

6. Der Kranz in unsrer Mitte ist grün und rund und schön,
   wir haben miteinander ihn ganz genau besehn.

FEHLT DA NOCH ETWAS IN DIESEM MANDALA?
DANN MALE ES DAZU!

Advents-
kalendergeschichte(n)

Wie lang ist es noch bis Weihnachten?
Das ist für Kinder gar nicht so leicht zu verstehen, und darum erfanden Eltern die verschiedensten Möglichkeiten, diesen Zeitraum vorstellbar zu machen. Ungefähr 175 Jahre ist das her.

   Die einen machten einfach 24 Kreidestriche an den Türpfosten. Jeden Tag durfte das Kind einen Strich wegwischen. Andere hängten jeden Tag ein Bild ans Fenster oder schmückten ein Adventsbäumchen täglich mit einem Stern oder einem Bibelvers.

Aus Schweden kam der Brauch, eine Kerze in 24 Abschnitte zu teilen. Jeden Tag brannte die Kerze weiter ab. Während dieser Zeit konnte man gemeinsam singen und beten.

   In Österreich wurde die Himmelsleiter aufgebaut: Sie hatte 24 Sprossen, und jeden Tag kam das „Christkindl" weiter herunter auf die Erde.

Auch eine „Weihnachtsuhr" wurde erfunden. Jeden Tag durfte der Zeiger einen Abschnitt weitergerückt werden und dort war ein neues Bild, ein Lied- oder Bibeltext zu entdecken.

Einen Adventskalender, wie wir ihn kennen, gibt es erst seit 120 Jahren. Mittlerweile finden wir eine unübersichtliche Fülle von Adventskalendern auf dem Markt. Da tut es gut, sich auf das Wesentliche dieser Erfindung zu besinnen: Kleine Gaben sind es, die das Herz erfreuen und uns die Zeit bis Weihnachten begreifbar machen.

Tüten-Kette

Du brauchst:
- einen alten, schönen Fotokalender, dessen Bilder du in 24 Quadrate schneiden kannst
- Schnur

So geht's:
Falte und klebe das Papier wie auf dem Bild zu kleinen Tüten. Schreibe die Zahlen von 1 bis 24 darauf und hänge die Tüten über das gespannte Seil. Jeden Abend wird die Tüte mit einer Gabe für den nächsten Tag bestückt. **Vielleicht möchten auch die anderen Familienmitglieder, Freunde oder Paten einen Tag übernehmen.**

Kein Weihnachten ohne Baum!

Manchmal überlege ich, wer wohl als Erster die Idee hatte, mitten im Winter einen Baum ins Haus zu stellen. Auf jeden Fall hatten die Menschen schon ganz unterschiedliche Ideen dazu, und man weiß, dass es zunächst gar keine Tanne war, die als Weihnachtsbaum ins Wohnzimmer kam, sondern früher verschiedenste Bäume und Zweige an der Decke aufgehängt wurden – manchmal bekam sogar jedes Familienmitglied einen eigenen! Das hätte ich gerne mal gesehen.
Das frische Grün der Nadelbäume ist ein Bild dafür, dass das Leben trotz Kälte und Dunkelheit nicht vergeht. Der würzige Duft lässt uns aufatmen. Und wie kommt der Baum ins Haus? Das sehen wir in diesem Fingerspiel:

Fingerspiel Christbaum holen

Fünf Freunde gehen in den Wald,
dort liegt viel Schnee, und es ist kalt.

Der Dicke, starke, stapft voran
und macht im Schnee 'ne breite Bahn.

Der Zeiger sagt: „Du machst das fein,
da komm ich doch gleich hintendrein."

Der Lange dreht sich um und schreit:
„Ich seh den Baum, s' ist nicht mehr weit."

Der Vierte meint: „Da bin ich froh,
die große Säge drückt mich so."

Und auch der Kleine freut sich sehr,
zieht hinter sich den Schlitten her.

Ja, dieser Baum, gerad und schön,
soll bald zu Haus als Christbaum steh'n.

Geschmückt und fein, so bringt er Freude
für große und für kleine Leute.

Zusammen zieh'n sie an der Säge:
ritze-ratze-ritze-ratze-ritze-ratze-rum,
da fällt der Baum schon um!

Der Kleine sagt: „Nun, darf ich bitten,
legt unsern Baum auf meinen Schlitten,

ich bind ihn fest und setz mich drauf!
Ihr könnt uns zieh'n in schnellem Lauf."

Ja, dieser Baum, gerad und schön,
darf nun zu Haus als Christbaum steh'n.

Und jeder der fünf Freunde lacht:
Das haben wir wirklich gut gemacht!

Und wie viele Nadeln hat wohl ein Christbaum? Jemand hat nachgezählt und kam bei einer 1,63 Meter hohen Nordmanntanne auf 178333 Nadeln!

Heu und Stroh

Heu und Stroh sind ein Zeichen dafür, dass Jesus in einem Stall zur Welt kam, aber auch ein Zeichen für Einfachheit und Armut. Wenn wir überlegen, woher es kommt, so fällt uns ein, dass beide sozusagen schon eine lange Vorgeschichte haben:

Gras und Kräuter wachsen und blühen, werden gemäht, zusammengerecht, getrocknet und an einem trockenen Ort gelagert. Warst du schon mal in einem Heustall? Es duftet unbeschreiblich gut und süß! Für Tiere ist Heu sehr nahrhaft.

Das Stroh besteht aus Getreidehalmen. Dafür muss der Bauer Korn aussäen. Es wächst auf dem Acker und wird, wenn es reif ist, geerntet. Die Körner werden aus den Ähren gedroschen, das leere Stroh bleibt übrig. Dafür wird heute natürlich der Mähdrescher benutzt, der alles in einem Arbeitsgang erledigt. Früher war das schwere und mühevolle Arbeit. Stroh wird als trockene Unterlage im Stall verwendet. Als mein Opa ein Kind war, schlief er auf einer Matratze, die mit Stroh gefüllt war, und deckte sich auch mit einer Decke voller Stroh zu, das machte warm. Und es piekste bestimmt. Im Advent war es zu seiner Zeit Brauch, für jede gute Tat einen Strohhalm in die Krippe zu legen. Um es dem Christkind recht weich zu machen, sollten die Kinder also sehr hilfsbereit und freundlich sein.

Stroh erinnert mit seiner Farbe an Sonnenschein, ja sogar an den Glanz des Goldes und der Sterne. Aus diesem Grund (und bestimmt auch, weil es fast in jedem Haus zu finden war) bastelten die Menschen daraus Schmuck für das Weihnachtsfest.

Einfacher Strohstern

Du brauchst:
- Strohhalme (gibt's im Bastelladen), in der Mitte durchgeschnitten und 10 Minuten in warmem Wasser eingeweicht, dann abgetrocknet
- Nähfaden
- Radiergummi und Stecknadel

Und so geht's:

1. Lege zwei Halme wie ein Kreuz aufeinander und drücke sie etwas zusammen. Lege zwei weitere Halme kreuzweise schräg darauf.

2. Stecke nun die Nadel durch die Mitte und stich sie dann in den Radiergummi. Jetzt können die Halme nicht mehr auseinanderfallen und du kannst sie mit dem Faden umwickeln – immer abwechselnd obendrüber, untendurch, obendrüber ... im Kreis herum.

3. Zieh den Faden fest und mache dann einen Doppelknoten.

4. Bastle dir einen zweiten Stern nach dem gleichen Muster.

5. Lege nun beide Sterne aufeinander und binde sie wie vorhin – obendrüber, untendurch im Wechsel – zusammen.

6. Zuletzt schneide die Enden spitz zu.

7. Zum Aufhängen kannst du mit einer Nähnadel einen Faden durch ein Ende ziehen.

Der Stern

„Wo ist der neugeborene König der Juden? Wir haben seinen Stern aufgehen sehen und sind gekommen, ihm zu huldigen", das sagen die Magier aus dem Osten. Und der Stern, den sie hatten aufgehen sehen, zog vor ihnen her bis zu dem Ort, wo das Kind war. Dort blieb er stehen. So ist es im Matthäusevangelium (2,1–12) beschrieben. Seitdem rätseln viele Menschen, was es wohl mit diesem Stern auf sich hatte.

Heute weiß man, dass zu der Zeit, als Jesus geboren wurde, ein besonderes Zusammentreffen der Planeten Jupiter und Saturn im Sternbild der Fische stattgefunden hat. Das ist sehr selten; das nächste Mal wird diese Erscheinung, wenn ich richtig gerechnet habe, im Jahr 2569 sein! Sternkunde war bei Assyrern, Ägyptern und Babyloniern eine hoch entwickelte Wissenschaft, und die Sterne hatten nach damaliger Auffassung alle eine eigene Bedeutung. Alles deutete auf die Geburt eines mächtigen Königs in Judäa hin.

Letztendlich ist für uns die wissenschaftliche Erklärung vielleicht gar nicht wichtig. Der Stern von Betlehem, dieses Himmelszeichen, das weithin zu sehen ist, führt uns zum Stall, zur Krippe, zu Jesus.

Ein toller Trick: wir lassen den Stern fliegen

Halte das Bild so, dass sich deine Nasenspitze sehr nah an dem Herz befindet. Drehe jetzt das Buch langsam links herum. Der Weihnachtsstern fliegt nun lustig über den Himmel und kommt wieder über dem Stall zum Stehen.

Stern über Betlehem

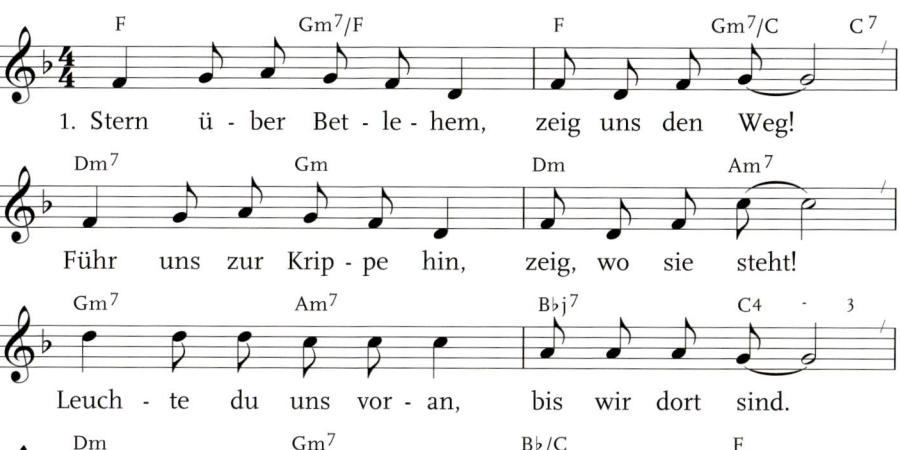

2. Stern über Betlehem, nun bleibst du stehn und lässt uns alle das Wunder hier sehn, das da geschehen, was niemand gedacht, Stern über Betlehem, in dieser Nacht.

3. Stern über Betlehem, wir sind am Ziel, denn dieser arme Stall birgt doch so viel!

Du hast uns hergeführt, wir danken dir. Stern über Betlehem, wir bleiben hier!

4. Stern über Betlehem, kehrn wir zurück, steht noch dein heller Schein in unsrem Blick, und was uns froh gemacht, teilen wir aus, Stern über Betlehem, schein auch zu Haus.

Text und Melodie: Alfred Hans Zoller; © Gustav Bosse Verlag, Kassel

Der Weihnachtsstern ist heut noch da

Am Himmel strahlte ein helles Licht. Nie zuvor hatten die Menschen einen solchen Stern gesehen. Sein Schein breitete sich über die ganze Erde aus, mächtig und freundlich zugleich. Alle wunderten sich sehr, denn der Stern hatte offenbar für jeden eine besondere Bedeutung.

Die Traurigen zum Beispiel fühlten sich wundersam getröstet. Die Fröhlichen fanden andere, mit denen sie gemeinsam lachen konnten. Die Müden waren plötzlich ausgeschlafen. Wer nörgelig und verbittert durchs Leben ging, spürte eine nie gekannte Zufriedenheit. Und wer auf der Suche war, hatte nun das Vertrauen, seinen Weg zu finden.

Ja, ein Wegweiser, das war dieser Stern. Er lockte und funkelte, strahlte und blinkte, zog seinen Weg über den ganzen Himmel, bis er endlich stillstand über einem armen Stall. Dorthin zogen Hirten und Könige. Sie fanden das neugeborene Gotteskind und fanden sich selbst im göttlichen Licht. Das war so schön, dass wir uns nach über zweitausend Jahren noch immer davon erzählen.

„Ach", sagen wir, „wie gerne hätten wir diesen Stern gesehen! Wohin ist er geflogen? Was ist wohl aus ihm geworden?"

Ich glaube, das war so: Vielleicht ist so viel Schönheit, so viel Sternenglanz und Strahlkraft auf Dauer einfach zu viel für ein kleines Stückchen Himmel. Und deshalb begann der Stern sich zu teilen. Er teilte sich und teilte sich und versprühte die kleinen Stückchen weit über die ganze Erde. Überall auf der Welt kannst du sie heute noch finden, millionenfach: in den kleinen blauen Frühlingsblumen, den Holunderblüten, in den Flugsamen des Löwenzahns, im Sternmoos, in Edelsteinen, Eisblumen und Schneeflocken, in Sternensuppe, quer durchgeschnittenen Äpfeln und Orangen und in den Augen lieber Menschen. Jeder dieser Sterne trägt noch die uralte Botschaft in sich: Gott ist da!

Engel

In der Weihnachtszeit begegnen sie uns auf Schritt und Tritt, manche schön, manche kitschig. Die Weihnachtsgeschichte wäre ohne sie nicht denkbar. Hier findest du zwei Engel zum Selbstmachen.

Der schwebende Engel

Er hält fast überall das Gleichgewicht: auf einem Zweig, auf dem Rand einer Schüssel, auf der Christbaumspitze. Kopiere die Vorlage und schneide sie aus. Lege den ausgeschnittenen Engel auf sehr stabiles Papier und zeichne ihn noch einmal ab oder zeichne dir gleich deinen ganz eigenen Engel auf das stabile Papier. Klebe auf die Flügel jeweils eine 2-Cent-Münze. Dadurch hält der Engel die Balance. Verziere ihn, wenn du magst, mit Farben oder Glitzer. Und schon schwebt er …

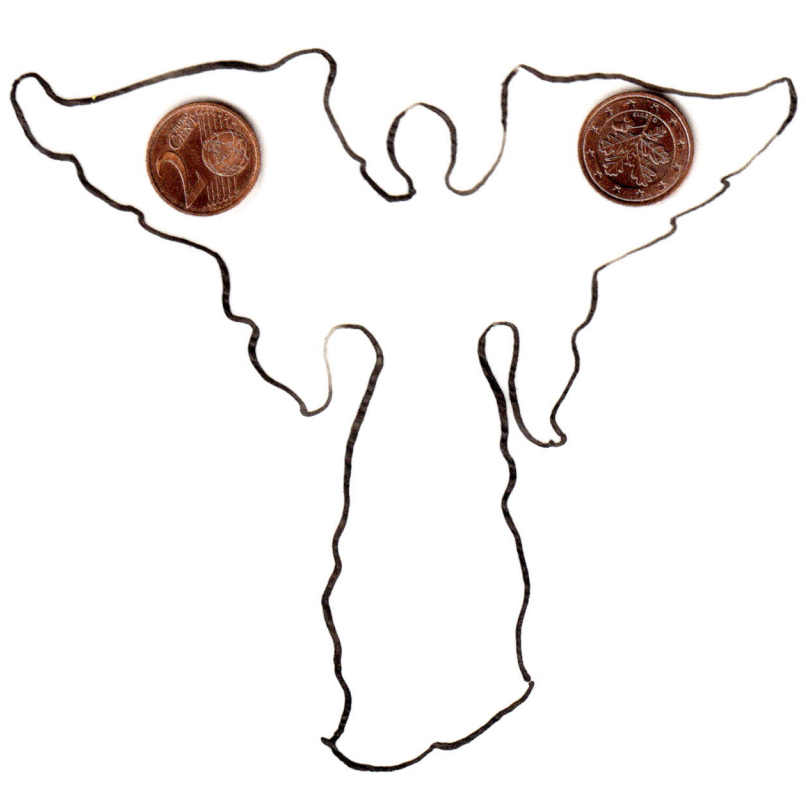

Pappmaché-Engel

Aus dünnem Papier (am besten Seidenpapier, kannst du im Bastelladen kaufen) kannst du leicht einen Pappmaché-Engel herstellen.

Du brauchst:
- Tapetenkleister, schon angerührt und mit etwas Holzleim vermischt
- eine alte Gabel
- sehr dünnes Papier, z. B. Seidenpapier
- eine Wachstuchdecke, auf der du arbeiten kannst

Und so geht's:

Tauche das Papier Blatt für Blatt in den Kleister. Presse die überschüssige Flüssigkeit heraus und wickle es um den Griff der Gabel. Lass die Gabelzinken frei. Forme so nach und nach einen Körper, ein Kleid und Flügel. Du kannst auch eine Schnur um den Stiel binden und das Gebilde zwischendrin kopfüber zum Trocknen aufhängen. Forme immer wieder, lass die Flügel flattern, das Gewand wehen, bis du irgendwann merkst: Jetzt ist der Engel fertig. Nach dem Trocknen kannst du ihn noch bemalen. Dann kannst du den Engel in einen Blumentopf stecken oder in den Weihnachtskuchen …

… und im Sommer in den Blumenstrauß.

Bienenwunder

In der Natur ist es jetzt karg und kalt. Die Bienen halten Winterruhe, sie drängen sich im Bienenkasten eng zusammen und bilden eine „Wintertraube". Im Sommer waren sie unterwegs zwischen Himmel und Erde, sie sammelten emsig Nektar und Pollen, bauten Waben aus Wachs für ihren Nachwuchs und für den Honig. Geschmolzenes Sonnengold, so wird er auch genannt, und die Düfte von Honig und Bienenwachs sind wahrliche Himmelsdüfte. Bei alledem produzieren die Bienen mehr, als sie selbst brauchen – wir können uns von ihrem kostbaren Überfluss beschenken lassen und auch andere damit beschenken.

Herz-Engel

Du brauchst:
- Bienenwachs-Christbaumkerzen
- Bienenwachswaben (gibt's im Imkereibedarf, manchmal auch im Bastelladen)

Und so geht's:
Wärme die Wabenplatte leicht an, z. B. in der Nähe der Heizung. Schneide daraus ein Herz aus. Es soll an seiner Mittelachse so lang sein wie die Kerze. Klebe es an die Kerze, indem du es fest andrückst und links und rechts noch ein bisschen um die Kerze herumlegst. Fertig!

Wo jetzt der Engel ist? Das siehst du erst, wenn du die Kerze angezündet hast!

ALLE JAHRE WIEDER
Feste feiern, gestalten, genießen

So dicht gedrängt wie sonst nie sind die Feiertage in dieser Zeit. Feierlich ist auch die Stimmung, festlich die Häuser. Doch wie geht das: feiern?

Heiligabend

Manchmal ist weniger mehr.
Manchmal ist langsamer schneller.
Manchmal ist einfach einfach schöner als aufwendig.
Was braucht es wirklich, um einen schönen Heiligabend zu erleben?
Vielleicht …

… **ein Weihnachtszimmer,** das liebevoll aufgeräumt und dann gemeinsam geschmückt wurde. Dabei zählt nicht die Menge der Schmuckstücke, sondern ihre Wirkung. Und vielleicht ihre Entstehungsgeschichte: „O, schau mal, diesen Stern hast du mir geschenkt, als du gerade drei Jahre alt warst. Er ist ein bisschen krumm und schief, aber ich mag ihn sehr gerne, und du warst sehr stolz darauf." Das Weihnachtszimmer wird bis zum Fest nicht mehr betreten.

… **Geschenke,** die mit Freude ausgesucht und verpackt wurden: persönliche Gaben, die etwas Besonderes darstellen und die einem heimlichen Wunsch des Beschenkten nachkommen; etwas, das mit Hingabe gewerkelt, gemalt, gebastelt wurde. Weil Gott ein Mensch wird, machen wir Geschenke an liebe Menschen.

… **ein Essen,** das schon im Vorfeld zubereitet wurde und nur noch gemeinsam aufgetragen werden muss. Jedes Familienmitglied hat dazu einen Wunsch frei. So treffen sich auf dem Tisch womöglich Pfannkuchen mit Chili con Carne oder Nudelsuppe, aber das macht nichts, den „wo die Liebe den Tisch deckt, schmeckt das Essen am besten", sagt ein französisches Sprichwort.

... **ein Abendprogramm**, zu dem jeder auf seine Weise etwas beitragen kann: Die Weihnachtsgeschichte, frei erzählt, gemeinsam gespielt oder aus der alten Familienbibel vorgelesen. Alte und neue Weihnachtslieder, wenn möglich selbst gesungen und gespielt, vielleicht mit Rhythmusinstrumenten begleitet. Ein einfaches Gebet mit Gesten. Die Krippe, die gemeinsam betrachtet wird.

.... **der Besuch** eines Familiengottesdienstes, des Krippenspiels, der Christmette als Beginn des Heiligabends. Im Garten zünden wir beim Verlassen des Hauses Kerzen in Windlichtern an – sie brennen den ganzen Abend und leuchten uns freundlich entgegen, wenn wir zurückkommen.

... **die Bescherung** zu genießen und sich mit den anderen mitzufreuen. Die Geschenke werden abwechselnd verteilt und ausgepackt. Dabei werden auch die Verpackungen bewundert. Geteilte Freude ist doppelte Freude. Ein Geschenk für alle könnte auch eine Spendenquittung für eine Hilfsorganisation sein!

... **festliche Kleidung** in der Art, dass jede und jeder sich als schön empfindet. Auch das könnte – ähnlich wie das Essen – sehr „vielfältig" ausfallen. Wichtig ist aber, dass sich jeder in dem wohlfühlt, was er trägt.

... **indem man die eigenen „Regeln" überdenkt**: Niemand soll verhungern, weil so lange gesungen werden muss. Keiner muss ein Lied singen oder auf der Flöte vorspielen, und es muss auch nicht alles genau so sein wie im letzten Jahr.

... **ein schöner Abschluss,** indem man alles in Ruhe auf sich wirken lässt: Die Stimmung, den Kerzenschein, den Weihnachtsduft, die angenehme Müdigkeit, das Beisammensein. Das hilft, in friedlicher Stimmung ins Bett zu gehen.
So entwickelt jede Familie ihre eigenen Traditionen und Rituale. Alle Jahre wieder neu.

Sag mal, wie macht man eigentlich Weihnachten?

Die Weihnachtsgeschichte

Wir kennen zwei biblische Weihnachtsgeschichten. Am besten, du schaust selbst einmal im Neuen Testament nach.

Der Evangelist Lukas berichtet sehr ausführlich und beginnt mit dem Kaiser Augustus: Alle Bewohner des römischen Reiches sollen sich in Steuerlisten eintragen lassen ... Das neugeborene Kind wird in eine Krippe gelegt, von Ochs und Esel ist hier übrigens nicht die Rede. Wunderschön finde ich die Beschreibung der Engel und Hirten – du kennst das bestimmt. Die Geschichte endet mit der Taufe Jesu acht Tage nach seiner Geburt.

Beim Evangelisten Matthäus finden wir zunächst den Stammbaum Jesu. Die Geburt selbst wird nur knapp erwähnt, wichtig ist hier die Geschichte der Sterndeuter aus dem Osten, die wir heute die „Drei Könige" nennen. Diese Erzählung endet mit einer Flucht: Josef erfährt durch einen Engel, dass das Leben des kleinen Jesus bedroht ist und flieht mit seiner Familie nach Ägypten.

 Die folgende Erzählung ist besonders geeignet für kleinere Kinder und kann von selbstgemachten Bildern begleitet sein.

Kaiser Augustus hat ein riesiges Reich. Er will, dass die Namen aller Bewohner aufgeschrieben werden. Dazu soll jeder Mann in die Stadt gehen, in der er selbst geboren wurde. Seine Familie soll er gleich mitnehmen.

Josef wurde in Betlehem geboren. Er wohnt aber in Nazaret. Deshalb macht er sich auf den weiten Weg. Seine Frau ist auch dabei. Sie heißt Maria. Maria erwartet ein Kind, ihr Bauch ist schon sehr groß.

Die Stadt Betlehem ist voller Menschen. Kein Bett ist mehr frei. Also schlafen Maria und Josef in einem Stall. Hier bekommt Maria ihr Kind. Es heißt Jesus. Maria hat Windeln aus Stoff mitgebracht und wickelt ihren Sohn vorsichtig darin ein. Dann legt sie ihn in die Futterkrippe. Das Heu darin ist warm und weich, es duftet.

In der Nähe sind Hirten mit ihren Schafen. Die Hirten passen gut auf ihre Tiere auf. Plötzlich ist der Himmel ganz hell! Ein Engel ist da. Die Hirten haben Angst.
Aber der Engel ist wunderbar und er sagt: „Habt keine Angst! Ich bringe euch eine große Freude. Gottes Sohn ist geboren, er ist der Retter der Welt. Er liegt in einer Krippe und ist in Windeln gewickelt. Geht und sucht ihn!" Und plötzlich sind da viele, viele Engel.

Sie singen: „Ehre sei Gott in der Höhe und Friede auf Erden! Halleluja!" Die Hirten machen sich schnell auf den Weg nach Betlehem. Das wollen sie sehen!
Die Hirten kommen zum Stall. Sie finden das Kind in der Krippe und auch seine Eltern, Maria und Josef. Sie erzählen: „Da war ein Engel. Er hat gesagt, dieses Kind ist der Retter der Welt!" Als sie wieder zu ihren Schafen zurückgehen, singen sie und loben Gott.

Wer Lust hat, macht für die Bilder eine Erzählkiste aus Karton. Dieser wird auf eine Seite gelegt. Der Deckel wird ganz entfernt und der Boden herausgeschnitten. Hier bleibt aber ein Rand stehen, denn das ist der Rahmen für die Bilder.
Die Seitenwände werden nach vorne geklappt wie zwei Fensterläden, die man öffnen kann. Die jetzt oben liegende Seitenwand erhält einen breiten Schlitz, durch den die Bilder geschoben werden können, und wird dahinter nach unten gefaltet. Die Kiste kann auch noch schön bemalt werden.
Vorbereitete Bilder geordnet aufeinanderlegen und zusammen in den Spalt stecken. Während des Erzählens wird nach und nach das vordere Bild herausgezogen.
Bei Beginn der Geschichte werden die „Läden" geöffnet.

Die Idee stammt aus dem japanischen Papiertheater „Kamishibai". Im gleichen Stil kann die Geschichte der Sterndeuter weitererzählt werden.

Brothausen

Brothausen ist das Dorf, in dem Jesus geboren wurde. „Nein!", sagst du jetzt vielleicht. „Jesus ist doch in Betlehem geboren, das weiß doch jedes Kind!"

Du hast natürlich Recht. Und ich auch. Beth-Lehem heißt übersetzt nämlich „Haus des Brotes". Ich finde das super. Wenn du mal an die Geschichte von Jesus denkst, fallen dir bestimmt viele Momente ein, in denen es ums Brot geht. Und im „Vaterunser" beten wir: „Unser tägliches Brot gib uns heute." Brot – damit ist also nicht nur das Gebäck gemeint, sondern all das, was wir zum Leben brauchen. Was könnte das für uns sein?

Zur Erinnerung daran könnten wir für Heiligabend oder für Silvester ein prächtiges Brot backen.

Früher gab es den Brauch, dass man ein Kreuzzeichen auf das Brot machte, ehe man es anschnitt. Vielleicht könnt ihr das folgende Gebet zusammen sprechen, wenn ihr dann euer gemeinsam gebackenes Brot aufschneidet und esst.

Jesus, du bist geboren in Betlehem, im Haus des Brotes.
Heute feiern wir deinen Geburtstag.
Wie schön, dass du geboren bist!
Hilf uns dabei, unser Brot und unser Leben zu teilen
und auch anderen etwas abzugeben. Amen.

Ein Hirtenspiel

Dafür braucht es wenig Material: ein paar Tücher vielleicht, ein Fell, eine Laterne, einen Stock. Außerdem: **eine Erzählerin oder einen Erzähler, mehrere Hirten, einen Verkündigungsengel und weitere Engel**, Maria und Josef mit ihrem Kind und vielleicht auch noch ein paar kleine Schafe, die zwar nicht sprechen, aber mitspielen können. Jeder findet eine Rolle, die zu ihm passt.

Es können jeweils passende Lieder oder eine Hirtenmusik eingefügt werden.

Die Hirten, sie schlafen bei ihren Schafen
auf der Wiese vor´m Wald. Dunkel ist es und kalt.
Nur zwei halten Wacht und schaun durch die Nacht.

„Was ist denn das für ein heller Schein?
Freunde! Steht auf! Was kann das nur sein?
Wie lichte Sonne, so wunderbar,
seht doch: ein Engel! Es ist wirklich wahr!"

Die Hirten, sie kommen nur zögernd heran.

„Wer weiß, was das bedeuten kann?"
„Brennt denn der Himmel? Mir ist bang."
„Das alles ist so wundersam."

Manch einer hätt sich gern versteckt,
Schafe und Hirten sind ganz verschreckt.
Doch hör! Ein Klang erfüllt das Land,
der Engel spricht und hebt die Hand:

„Vom Himmel komm ich, hell und licht,
ihr lieben Hirten, fürchtet euch nicht!
Ich verkünde es mit großer Freud:
Ein Kind ist euch geboren heut!"

„Dies Kind in Windeln, arm und klein,
wird einmal euer Retter sein.
In einer Krippe in Betlehem,
dort werdet ihr das Wunder sehn."

Und plötzlich ist die Luft voll Klang,
voll Himmelsduft und voll Gesang:

„Ehre sei Gott und Friede auf Erden,
den Menschen allen
ein Wohlgefallen.
Halleluja, das Christkind ist da!"

„Schnell, schnell, das will ich sehen!
Lasst uns nach Betlehem gehen!
Im armen Stall liegt Gottes Kind,
so eilt doch, Freunde, macht geschwind!"

„Was könnten wir dem Kindlein bringen?"
„Was braucht es denn vor allen Dingen?"
„Mein Fell soll´s haben, das pack ich gleich ein,
die Krippe soll warm und gemütlich sein.
„Ich bring noch Milch und etwas Butter,
ein bisschen Honig für Vater und Mutter."
„Ich hab nichts zu verschenken, kein einziges Stück …
Doch mit meiner Flöte, da mach ich Musik."

Und Schafe und Hirten, sie eilen sodann
und kommen beim Stall von Betlehem an.

    „Soll das unser Stall sein? Ich kenn ihn fast nicht.
    Es leuchtet aus ihm ja ein herrliches Licht!"

Der Josef bittet die Gäste herein.
Nun stehen sie da im lichten Schein.

    „Da liegt ja das Kindlein auf Heu und auf Stroh.
    Hier sind wir richtig, ich freue mich so!"
    „Auch mir ist so wundersam warm ums Herz,
    geheilt sind die Sorgen, vorbei all mein Schmerz."
    „Ja, Freunde, es ist wahr: in dieser Nacht
    hat Gott uns seinen Sohn gebracht."

Sie bringen Herzen und Gaben, Gesang und Musik,
sie feiern Geburtstag und wünschen viel Glück
und kehren zuletzt dann zur Herde zurück.
Was sie erlebt im alten Stall
erzählen sie zu Hause und überall:

    „Gottes Sohn kam heut zur Erde,
    auf dass es endlich Friede werde.
    Halleluja, das Christkind ist da!"

MANDALA

Wenn man auf etwas wartet, vergeht die Zeit so langsam ... gerade recht, um noch ein Mandala anzumalen. Siehst du, dass noch ein paar Gesichter frei sind? Sie sind reserviert für dich und deine Freunde!

Zum Wohl!

Zum Feiern gehört oft gutes Essen und Trinken. Und meist erhebt irgendwann jemand sein Glas, blickt bedeutungsvoll in die Runde und sagt: „Also dann: Zum Wohl!" Dann machen alle mit und prosten sich zu, stoßen vielleicht auch mit ihren Gläsern an, sodass sie klingen.
Mit dieser Weihnachtslimo wird es bestimmt auch dir richtig wohl:

Du brauchst:
- 2 Zitronen und 4 Saftorangen
- 200 g Rohrzucker
- etwas frischen Ingwer, geschält
- weihnachtliche Gewürze, z. B. Sternanis
- Eine Handvoll rote Beeren, z. B. (Tiefkühl-) Himbeeren, wenn du rote Limo möchtest

Und so geht's:
Presse die Früchte aus. Mische den Saft mit dem Zucker und gib den Ingwer und die Gewürze hinzu. Lass alles 5 Minuten lang auf dem Herd köcheln. Wenn du rote oder blaue Limo möchtest, gib die Früchte dazu. Schütte alles durch ein Sieb. Jetzt hast du ein Konzentrat, das du schon ein paar Tage im Voraus zubereiten kannst. Bei Bedarf brauchst du es nur noch mit Wasser oder Mineralwasser aufzugießen.

Für mehr „Blubber" sorgt selbstgemachte Brause.
Mische dazu **5 TL Zitronensäure** und **2 EL Natron** in einem Schraubglas. Gib dann eine kleine Menge davon in dein Limonadenglas – jetzt hast du einen **„Kindersekt"**. Na dann: Prost!

Weihnachts-Wundern

Warum Gott Mensch wurde, das wundert mich.

Gott ist menschlich, damit auch wir menschlich sind.

Gott will das Leben mit uns teilen. Das Schöne und auch das Schwierige…

Das heißt: damit wir ein Herz haben füreinander. Mit offenen Augen durch die Welt gehen. Jemandem unser Ohr leihen. Das Hirn einschalten. Helfen. Lieben. Teilen.

… Den Alltag und die Feste. Geburt und Tod. Da können wir sicher sein, dass er bei uns ist und uns versteht.

Vielleicht ist Jesus die Verbindung zwischen Himmel und Erde.

Ich glaube, Gott wollte auch gerne eine Mama und einen Papa haben.

Und du? Was ist deine Idee?

Still, still, still

… so beginnt ein altes Weihnachtslied mit schöner Melodie. Woher kommen eigentlich die Melodien? Manchmal scheint es, als lägen sie in der Luft, als seien sie eigentlich schon da und warteten nur darauf, dass jemand sie bemerkt. Wer weiß …

Schön ist es, wenn man am Ende des Heiligen Abend noch einmal das warme Haus verlässt und zusammen noch ein paar Schritte geht. Mit einem wohligen Gefühl im Bauch frische Luft tankt. Ganz still den eigenen Gedanken nachhängt. Und vielleicht findet sich dann ein ungestörtes Plätzchen zum Singen.
Stellt euch einfach im Kreis auf. Wenn ihr nur zu zweit seid, ist der Kreis eben sehr klein, wenn ihr viele seid, ist er groß.
Wenn du magst, mach die Augen zu. Aus der Stille heraus kann nun jeder einen Ton summen oder singen, der ihm angenehm ist, der schon irgendwie „in der Luft" liegt. Singt einfach immer weiter und probiert aus, was passt. Hört aufeinander.
Hohe und tiefe Töne, laute oder leise, Einzeltöne oder kleine Melodien, sie klingen zusammen und bilden eine große, ganz besondere Harmonie. Das ist wunderschön. Und das Beste: Es passt immer zusammen. Es gibt kein richtig oder falsch.
Du bist mittendrin in einem großen Klang, bist ein Teil davon.

Wer möchte, kann sich in die Kreismitte stellen und ausprobieren, wie es sich anfühlt, ganz vom Klang umgeben zu sein. Ein besonderes „Konzert" in einer besonderen Nacht.

Weihnachten – weltweit!

Auf der ganzen Welt wird Weihnachten gefeiert – überall dort, wo sich Christen über die Geburt von Jesus freuen. Dabei hat jedes Land seine eigenen Bräuche und unterschiedlichen Sitten. Wenn du mehr darüber wissen willst, dann schau mal unter **www.weihnachten-weltweit.de**. Hier findest du nicht nur viele Geschichten, Rezepte und Lieder von Kindern auf der ganzen Welt, sondern auch Anregungen dazu, wie die „Eine Welt" direkt an euren Christbaum kommen kann. Familien in Indien und Peru stellen beispielsweise Sterne und Kugeln aus Pappe her, die wir bestellen und gestalten können – fair gehandelt, versteht sich.

Oft brauchst du auch gar nicht so weit weg zu suchen. Sicher gibt es in deiner Umgebung Menschen, die Weihnachten anders feiern, weil sie aus anderen Ländern nach Deutschland gekommen sind. Frag doch mal nach!

Das Fest der Heiligen Familie

Am Sonntag nach Weihnachten wird in der katholischen Kirche das Fest der Heiligen Familie gefeiert. Wir hören dort auch eine Geschichte aus der Kindheit von Jesus. Im Gottesdienst werden an diesem Tag die Kinder einzeln gesegnet – so wie Jesus die Kinder willkommen hieß und segnete.

Und was hat unsere Familie damit zu tun? Wir sind doch alle keine Heiligen, oder? Was heißt „heilig" überhaupt?

„Da steckt das Heil drin und heilen. Heile, heile Segen … die meisten Eltern haben mit diesem Spruch schon mal über ein aufgeschürftes Knie oder ein angestoßenes Köpfchen gestreichelt.
Jesus wird auch als Heiland bezeichnet … wohnt er im Heil-Land?
Hat heilig was mit hell zu tun? Klingt so ähnlich …
Es gibt aber auch viel Unheil auf dieser Welt. Sehr viel sogar.
Nikolaus, der war ja auch ein Heiliger, und Luzia und Barbara und natürlich Sankt Martin. Sankt, das ist lateinisch und bedeutet auch heilig … Auf den Bildern haben die doch immer so einen Heiligenschein…
Heil und gesund, das hat auch miteinander zu tun. Wobei: heil, das ist vielleicht mehr von innen heraus gesund, so ganz und gar ganz. Und gut.
Ja, heilig, das ist, als ob Gott durch einen hindurchscheint."

Daran erinnert uns der heutige Tag: Gott hat uns gut gemacht. Er scheint auch durch uns hindurch. Auch als Familie.

Das Alte geht, ein Neues kommt – Silvester und Neujahr

An Silvester feiern wir den Übergang vom alten ins neue Jahr. Dankbar schauen wir zurück. Gerne würden wir auch schon einen Blick in die Zukunft werfen. Wir wünschen uns Glück und staunen über prächtiges Feuerwerk, das den Himmel zum Leuchten bringt. Viele Bräuche und Traditionen sind mit diesem Datum verbunden, und die meisten Menschen verbringen den Abend in Gesellschaft, mit Familie und Freunden. In vielen Kirchen findet ein Jahresabschlussgottesdienst statt.

Es ist ein guter Tag, um noch einmal Rückschau zu halten auf all das, was sich im vergangenen Jahr ereignet hat. Bei uns zu Hause gibt es dazu immer ein Spiel.

Jahres-ABC

Wir kleben mehrere DIN-A4-Blätter längs aneinander und beschriften diese Papierschlange mit allen Buchstaben den Alphabets und der Jahreszahl. Zu jedem Buchstaben suchen wir gemeinsam nach Ereignissen, die im vergangenen Jahr stattgefunden haben: Urlaub, Geburten und Todesfälle, Feste und Feiern, Veränderungen im Haus, Schulwechsel, neue Haustiere, neue Dinge, die uns wichtig sind – all das und noch viel mehr wird hier notiert. Zum Schluss hängen wir diese Liste auf. Manchmal kommt auch später noch etwas dazu. Und nach einem Jahr wandert dieses wertvolle Erinnerungsstück in einen Ordner und eine neue Liste entsteht.

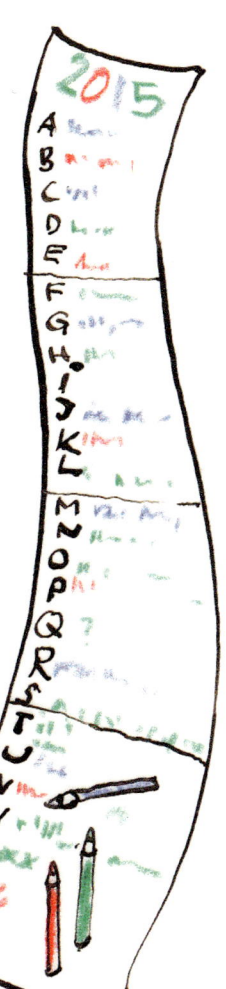

Für eine tolle Silvester-Party kannst du:

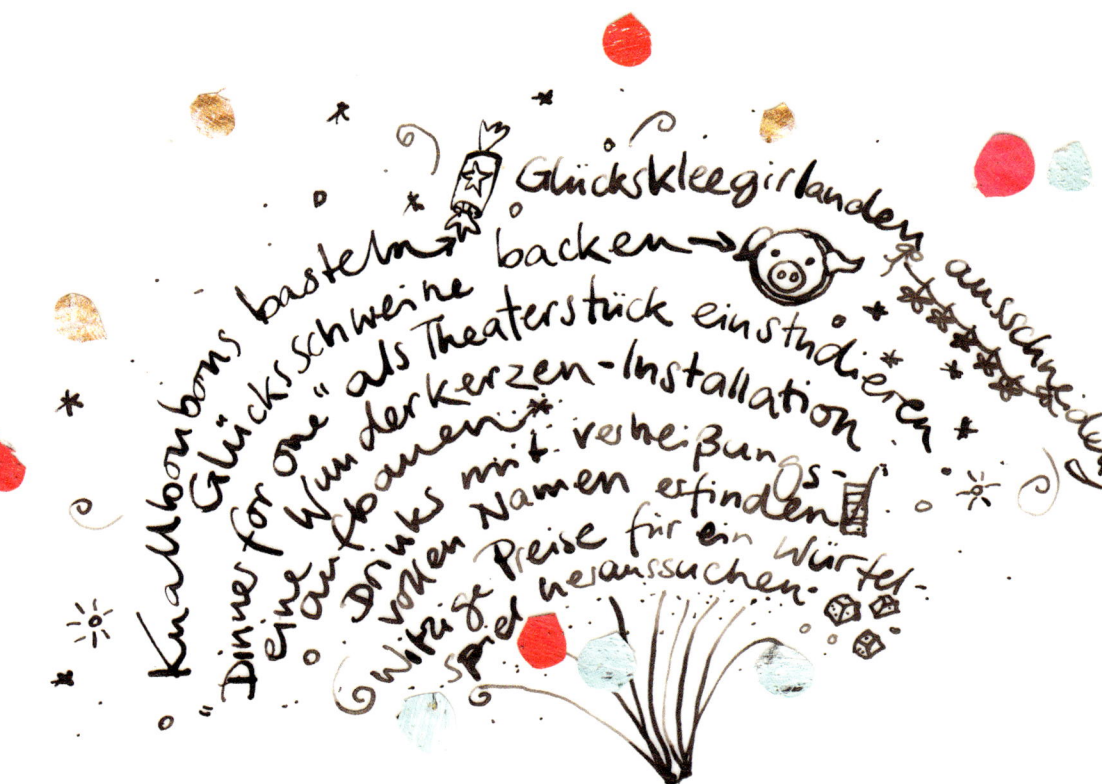

Um Mitternacht ist es draußen am schönsten. Die Kirchenglocken läuten das neue Jahr ein, ein Gefühl der Verbundenheit und Feierlichkeit verbreitet sich, gute Wünsche machen die Runde. „Ich habe dich lieb", „Wie gut, dass wir auch im neuen Jahr zusammen sind", „Ich bin froh, dass du mein Freund bist" – solche Aussagen lassen uns voll Zuversicht in die Zukunft blicken. Es tut gut, sie zu hören und zu sagen.

Silvesterpaschen – kennst du das?
Das Paschen ist ein mittelalterliches Würfelspiel, für das es je nach Gegend unterschiedliche Regeln gibt. Am einfachsten geht es so: Alle würfeln der Reihe nach mit drei Würfeln je dreimal. Die erwürfelten „Augen" werden pro Person zusammengezählt. Es gibt so viele Runden wie Mitspieler. Und wer am Schluss die meisten Punkte hat, gewinnt die riesige ...

Neujahrsbrezel!

Du brauchst:
- 1 Würfel Hefe, den du in 250 ml lauwarme Milch hineinbröselst, damit er sich auflöst.
- 500g Mehl, vermischt mit einer Messerspitze Salz
- 1 Ei
- 80g erwärmte Butter

> Manchmal braucht der Teig Zeit zum Entspannen – wirklich wahr! Dann lässt er sich hinterher besser verarbeiten.

Und so geht's:

✳ Vermische alle Zutaten in einer großen Schüssel und knete sie ausgiebig durch. Oder lass die Küchenmaschine diese Arbeit für dich erledigen.

✳ Forme den Teig zu einer Kugel, lege ihn in die Schüssel, decke sie mit einem Geschirrtuch zu – und geh eine Stunde lang spielen. Wenn du wiederkommst, wird der Teig gewachsen sein!

✳ Dann kannst du ⅔ des Teiges zu einer sehr langen Schlange rollen, die an den Enden spitz zuläuft. Forme daraus eine Brezel und lege sie aufs Backblech. Teile den restlichen Teig in Drittel, rolle daraus dünne Schlangen und flechte sie zu einem Zopf.

✳ Bestreiche die Brezel mit Wasser und drücke den Zopf vorsichtig darauf fest. Lass den geformten Teig nochmals zugedeckt 30 Minuten stehen.

✳ Heize den Ofen vor (150° C Umluft genügen).

✳ Verquirle ein Ei mit je einer Prise Salz und Zucker und bestreiche die Brezel damit. Und nun ab in den Ofen damit! Nach ca. 30 Minuten ist sie fertig. Übrigens: Neujahrsbrezeln sind weder süß noch salzig.

Der erste Januar ist mit vielerlei Traditionen verbunden: Zum Frühstück kann die Neujahrsbrezel verzehrt werden. Das soll nach alter Vorstellung Gesundheit, Glück und Verbundenheit mit den Menschen bringen. Die Kinder besuchen an diesem Tag ihre Großeltern und Paten, um ihnen das neue Jahr „anzuwünschen": „Ich wünsche dir ein gutes neues Jahr und dass du gesund bleibst. Und wenn du stirbst, dass du dann in den Himmel kommst." – Was will man mehr?

Wir wissen nicht, was im neuen Jahr auf uns zukommt, ob es schön oder schwer wird. Aber als gläubige Menschen wissen wir uns geborgen in Gott. Das ist ein schönes Gefühl.

Erinnerst du dich, dass Jesus in der Stadt Davids geboren wurde? Vielleicht kennst du die Geschichte des Hirtenjungen David, der den riesigen Goliath besiegte. Später wurde er König. Er war auch ein Dichter und Komponist und erfand viele Loblieder für Gott. Leider kennen wir die Melodien nicht, aber die Texte sind aufgeschrieben worden und in der Bibel zu finden – es sind die Psalmen. 3000 Jahre sind sie alt! Besonders gerne mag ich eine Stelle aus dem Psalm 139. Sie passt auch gut, wenn etwas Neues beginnt, das ich noch nicht kenne:

Von al-len Sei-ten um-gibst du mich und hältst die Hand ü-ber mir. Wo ich auch geh, ob ich sitz o-der steh, ich spür dich und weiß: Du bist hier.

Königszeit

Der 6. Januar ist der letzte der weihnachtlichen Festtage. „Erscheinung des Herrn" oder „Epiphanie" wird dieser Tag genannt. Oder ganz einfach „Dreikönigstag".

Heute gibt es die Fortsetzung der Weihnachtsgeschichte: Sterndeuter aus dem Osten sahen einen Königsstern aufgehen und folgten ihm. So gelangten sie zum Stall, ehrten den neugeborenen Gottessohn und brachten ihre Gaben dar: Weihrauch, Myrrhe und Gold. Es ist eine prächtige und spannende Erzählung und es lohnt sich, sie in der Bibel nachzulesen (Matthäus 2)!

Nordportal der Kapellenkirche in Rottweil

Oft haben die Menschen über diese Geschichte nachgedacht und sie immer weitergesponnen. Aus den weisen Sterndeutern, von denen nicht bekannt ist, wie viel es waren, wurden im Lauf der Zeit drei Könige unterschiedlicher Herkunft und unterschiedlichen Alters. So kennen wir sie heute als Kaspar (der jugendliche König aus Afrika), Melchior (der erwachsene Mann aus Asien) und Balthasar (der alte König aus Europa). Das sollte deutlich machen, dass alle Völker und Religionen zu Jesus kommen. Tatsächlich weiß niemand, was aus ihnen geworden ist. Aber es gibt die Legende, dass sie später gemeinsam getauft und zu Bischöfen wurden. Nach ihrem Tod sollen ihre Gebeine letztendlich nach Köln gebracht worden sein. Im dortigen Dom ist der kostbare Dreikönigsschrein zu sehen.

Wie auch immer es war: Sie gelten als diejenigen, die die Botschaft von Jesus als Erste in der Welt verkündet haben.

Königlich feiern

Wie aber können wir dieses Fest Dreikönig feiern?

* **Die Geschichte erzählen und spielen.**

* **Zur Feier des Tages einen „Königskuchen" backen.** Darin ist eine Bohne oder ein kleines Porzellanfigürchen versteckt: Wer sie beim Essen entdeckt, darf für einen Tag Königin oder König sein, auf einem Thron sitzen, Spiele aussuchen, muss bedient werden ... Ein alter französischer Brauch.

> **Für den Kuchen brauchst du:**
> **3 Eier**, die du mit **1,5 Tassen Zucker** schaumig rührst.
> Dazu kommt **1 Tasse Naturjoghurt**, die **abgeriebene Schale einer Bio-Zitrone**, **1 Tasse Sonnenblumenöl** und **3 Tassen Mehl**, die du zuvor mit **1 P. Backpulver** und **1 P. Vanillinzucker** mischen solltest.
> Alles verrühren und in eine gefettete Backform geben.
> Im Teig **eine Bohne** verstecken und ca. 45 min bei 180°C backen.
> Mit **Puderzucker** bestreuen.
> Zum Frühstück verspeisen und schauen, wer König(in) wird.

* **Königskronen basteln und verzieren.**

* **In Spanien bekommen die Kinder heute erst ihre Weihnachtsgeschenke.** Vielleicht finden wir für jedes Kind kleine Gaben, die an die der Könige erinnern: etwas Goldenes, etwas Wohlriechendes, etwas Pflegendes.

* **Die Sterndeuter besuchten das Königskind Jesus.** Als Gottes Kinder sind wir also auch Königskinder: aufrecht, selbstbewusst, gerecht, mutig, voller Würde, so sind wir von Gott gemacht. Daran können wir uns doch wieder erinnern!

Ach ja: In meiner Heimat beginnt an diesem Tag die schwäbisch-alemannische Fasnacht. Das ist ein Fest für sich ...

Gaben für uns

Früher war Weihrauch etwas ganz besonderes. Er wurde nur im Gottesdienst verwendet, weil er wie ein Gebet zum Himmel aufsteigt. Heute können wir Weihrauch kaufen und auch zu Hause räuchern. Das sind sehr intensive Düfte. Am besten mal ausprobieren!

Gold ist noch immer sehr wertvoll. Nicht echt, aber sehr ähnlich ist Schlagmetall, das wie Blattgold aussieht. Du kannst es im Bastelladen kaufen. Um etwas zu vergolden, brauchst du außerdem noch die sogenannte „Anlegemilch". Bestreiche damit einen Gegenstand, zum Beispiel einen schönen Stein. Lege vorsichtig das hauchdünne „Gold" darauf und streiche mit einem trockenem Pinsel darüber. Schön!

Ja, und was ist mit der Myrrhe? Sie ist in Afrika und Arabien als Heilmittel bekannt, verhindert Entzündungen, pflegt, lindert Schmerzen. Zu Jesu Zeit wurden auch Tote mit diesem eigentümlich riechenden Öl einbalsamiert.
Eine Idee für uns wäre es, mit einem gut duftenden Öl eine Handmassage zu „verschenken"– in aller Ruhe Handfläche, Handrücken, Finger, Knöchel mit sanftem Druck kneten.

So können die Gaben der Könige auch Gaben für uns werden.

FAMILIENZEIT
Die Weihnachtsferien gemeinsam erleben

Die Weihnachtstage sind vorüber, alles ist noch in festlichem Glanz. Eine gemütliche Zeit hat begonnen. Nun ist Raum für Unternehmungen, Begegnungen, für gemeinsames Spielen und für Winterfreuden.

Begegnen – Einladen – Besuchen – Spielen

Freunde und Freundinnen zu haben, das finde ich ein wunderbares Geschenk! Zeit mit ihnen zu verbringen, gemeinsam zu spielen oder einfach nur zu reden, von sich zu erzählen und zuzuhören, das stärkt und belebt uns alle. Hier findest du eine Spielidee, die du leicht übernehmen kannst:

Weihnachtswürfelei
Alle können bei der Vorbereitung helfen:

Du brauchst:
- einen großen Würfel
- viele Kärtchen oder Notizzettel
- Stifte
- einen großen Zeichenblock
- eine Flasche
- knisternde Geschenkfolie
- ein Körbchen
- einen alten Kalender mit schönen Bildern
- Scheren

Und so geht's:
Male auf den Zeichenblock einen Tannenbaum mit 6 Feldern wie hier auf dem Bild.

Schreibe auf je ein Kärtchen einen Begriff: Maria, Josef, Christkind, Krippe, Ochs, Esel, Christbaum, Christbaumkugel, Geschenk, Nikolaus, Weihnachtsessen, Weihnachtsstern, Gottesdienst und so weiter. **Auf die Rückseite male je einen Punkt und lege die Kärtchen im Stapel zugedeckt auf das Feld 1.**

 Schreibe auf je ein Kärtchen Dinge wie: Lobe den Christbaum! Lobe die Krippe! Mach einen Purzelbaum! Singe ein Weihnachtslied in einer anderen (erfundenen) Sprache! Erzähle einen Witz! Mache einen Zaubertrick! Und so weiter. **Auf die Rückseite male je zwei Punkte und lege die Kärtchen zugedeckt auf das Feld 2.**

 Schreibe auf je ein Kärtchen Dinge wie: Ein schönes Erlebnis im vergangenen Jahr. Etwas Neues, das ich erlebt habe. Eine Idee fürs neue Jahr. Ein Urlaubswunsch fürs neue Jahr. Mein bestes Weihnachtsgeschenk in diesem Jahr. Was mir noch immer peinlich ist. Mein Lieblingsweihnachtsessen. Etwas Witziges, das ich gerne mal ausprobieren möchte. Und so weiter. **Auf die Rückseite male je drei Punkte und lege die Kärtchen zugedeckt auf das Feld 3.**

 Zu Feld 4 lege die Knisterfolie.

 **Zu Feld 5 stelle die Flasche.**

 **Alle, die mitmachen, schneiden ein paar schöne Bilder aus dem Kalender aus.** Auf die Rückseite schreiben sie einen Wunsch fürs neue Jahr. Die Papiere werden gefaltet und ins Körbchen gelegt. **Das Körbchen steht bei Feld 6.**

Und dann geht's los! Setzt euch um den Tisch, jeder kann allein, ihr könnt aber auch zu zweit spielen. Nun wird reihum gewürfelt, die Zahl, die fällt, zeigt, welche „Aufgabe" zu „erledigen" ist:

1: **Pantomime:** Ziehe ein Kärtchen und stelle den Begriff ganz ohne Worte dar.
2: **Spontane Aktion:** Tu, was auf dem Kärtchen steht.
3: **Erzähle von Dir.**
4: **Suche dir ein bekanntes Weihnachtslied aus und knistere es mit der Folie.** Wer es errät, darf mitsingen.
5: **Lege die Flasche in die Mitte und drehe sie. Sage der Person, auf die die Flasche zeigt, etwas ins Ohr, das du an ihr magst und gut findest.**
6: **Zieh dir einen Wunsch aus dem Körbchen.**

Ein Spiel, bei dem es nur Gewinner gibt. Viel Vergnügen!

Farben der Weihnacht

Welche Farben hat eigentlich Weihnachten? Komm, wir nehmen den Fotoapparat und machen uns auf die Suche.

Tannengrün, na klar. Aber auch Krippengrün!
Sternengold, auf jeden Fall. Und Flammengelb.
Und strohblond.
Engelsglanz – was ist denn das für eine Farbe?
Bratapfelbraun ☺.
Kugelbunt.
Rauchgrau.
Christkindlweiß. Eiskristallweiß ❄
Dieses dunkle Rot, Du weißt schon.
☺ Orangenorange.
Weihnachtsabendblau

Wie spannend, wenn die Fotos dann ausgedruckt oder entwickelt sind und nebeneinander liegen oder zusammen in einen schönen Rahmen kommen. Vielleicht entsteht ja sogar ein Buch daraus? Oder ein Jahresprojekt? Schließlich bringt der Frühling auch wieder neue Farben mit sich.

Etwas bauen!

Kaufmannsladen, Eisenbahn, Krippe oder Kistenburg, Puppenhaus, Sofasesseldeckenzelt, riesige bunte Modelle aus den bekannten Spielsteinen – in uns allen steckt der Wunsch, etwas zu bauen, zu erfinden, zu entwickeln. Dazu braucht es Muße. „Zwischen den Jahren", ja, da steht die Zeit manchmal still. Im tiefen Winter können wir uns vertiefen. Da ist die Zeit, mal wieder was zu bauen.

Etwas spielen!

Wichtig in der Weihnachtszeit: eine große Kiste voller Tücher und Stoffe aller Art bereitzuhalten. Dazu ein paar alte Hüte, ein Lammfell, eine goldene Dose ... Kleinere Kinder erleben die Weihnachtsgeschichte so intensiv mit, dass sie es oft und gerne noch einmal spielen wollen: Hirten und Schafe, Maria und Josef, drei Könige in all ihrer Pracht.

Etwas lesen! Und vorlesen!

Selbstversunken auf dem Sofa, bäuchlings unterm Christbaum, zu zweit im Sessel – neue Bücher und alte Geschichten, ein zeitloses Vergnügen. Sich gegenseitig vorzulesen ist ein besonders schönes Abendritual: Jeder sucht reihum eine kleine Geschichte, eine besonders schöne Seite aus dem Buch, das er gerade liest, heraus, und liest es als Gutenachtgeschichte den anderen vor. Dazu gibt's heiße Milch mit Honig und Zimt – wunderbar.

Auf Krippentour

Manche Dinge kann man das ganze Jahr über tun, zum Beispiel ins Schwimmbad gehen. Und manche Sachen eben nur zu bestimmten Zeiten, zum Beispiel Weihnachtskrippen anschauen.

Das Krippenbauen hat in vielen Ländern eine lange Tradition. Oft wird dabei die heilige Familie so dargestellt wie die Menschen, die im jeweiligen Land leben. So haben in einer afrikanischen Krippe Josef, Maria und das Jesuskind, aber auch alle Besucher natürlich schwarze Haut. Besonders schön finde ich die Landschaftskrippen, in denen mit viel Liebe Hügel und Wälder, Häuser, ja sogar Städte aufgebaut werden. Oft finden wir dort über die üblichen Figuren hinaus viele Darstellungen des früheren Dorflebens: ein Schmied bei der Arbeit, eine Bäckerin, eine Schar Kinder ... Es ist, als ob die Menschen sich selbst in das Geschehen mit hineingebaut hätten. Die weltgrößte Weihnachtskrippe findet sich übrigens im südfranzösischen Dorf Grignan, sie hat 1000 Figuren und ist über 1000 m² groß!

Aber auch in deiner Gegend finden sich sehenswerte Weihnachtskrippen in den Kirchen. Besucht sie doch und macht eine Tour von Krippe zu Krippe. Am besten, ihr nehmt noch ein paar Freunde mit. So könnt ihr gemeinsam schauen und staunen und zu Hause noch einen gemütlichen Abschluss machen.

Familien-Mandala selbst gemacht

Du brauchst:
- Einen großen Bogen Tonpapier
- Zirkel
- gebrauchtes Geschenkpapier in verschiedenen Farben und mit verschiedenen Mustern

Stich den Zirkel in die Mitte des Papiers und zeichne einen großen Kreis. Behalte diese Einstellung beim Zirkel bei und stich nun auf der Kreislinie ein, ziehe einen Kreis drum herum. Dort, wo der neue Kreis den alten schneidet, stich wieder ein und ziehe wieder einen Kreis. Wiederhole dies so oft, bis du sechs Kreise um den ersten Kreis herum gezogen hast. Jetzt kannst du noch einmal in der Papiermitte einstechen und einen großen Kreis um alle 7 Kreise ziehen. Das ist ein wunderschönes und wohltuendes Muster. Es lässt sich beliebig erweitern und wird die „Saat des Lebens" genannt. Aus dieser Grundform heraus lässt sich auch ein sechszackiger Stern zeichnen:

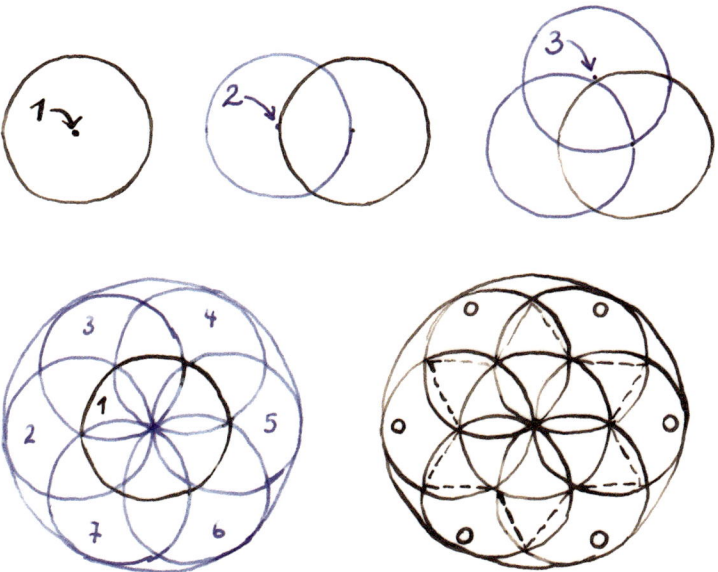

Alle können nun gemeinsam dieses Mandala farbig gestalten: Das Geschenkpapier wird in kleine Schnipsel geschnitten oder gerissen und mosaikartig aufgeklebt. Versucht einmal, in aller Ruhe miteinander zu arbeiten.

 ## Erzähl mal, wie das früher war!

In vielen Familien ist es üblich, an Weihnachten Verwandte zu treffen. Eine tolle Gelegenheit, die Eltern, Großeltern, Onkels und Tanten zu fragen, wie sie denn als Kind das Fest gefeiert haben, welche Traditionen sie von früher her kennen und welche Geschenke es gab. Sicher gibt es dann viele schöne und lustige Geschichten zu erzählen. Bestimmt ist aber auch manches dabei, das sehr ernst oder traurig ist und nachdenklich macht. Viele alte Menschen können sich noch an ihre Kindheit während des Krieges erinnern. Manche haben ihre Heimat verloren, manche hatten kaum etwas zu essen. Geschenke waren Mangelware. Viele waren froh, überhaupt noch am Leben zu sein. Wir können es uns heute kaum vorstellen, wie sich das angefühlt hat.

Unsere Oma Irmgard
mit ihrer neuen Puppe Weihnachten 1942

Vielleicht gibt es ja sogar noch ganz alte Bilder von deinen Urgroßeltern, die ihr zusammen anschauen könnt? Natürlich ist es aber auch interessant, wie deine Eltern Weihnachten verbracht haben, als sie so alt waren wie du. Oder wie dein erstes Weihnachtsfest war. Schließlich kannst du dich bestimmt nicht mehr daran erinnern.

Weihnachts-Safari

Safari – was soll denn das mit Weihnachten zu tun haben?, fragst du dich bestimmt. Wenn du dieses Wort hörst, denkst du wahrscheinlich eher an eine Großwildjagd in Afrika. Dabei bedeutet das Wort „safar" in der ostafrikanischen Swahili-Sprache eigentlich „Reise". Das kann auch eine kleine Reise, ein Spaziergang sein.
Weihnachtssafari, das ist eine Entdeckungsreise, ein Abenteuerspaziergang in deiner eigenen Stadt. Versuche einmal, alles zu sammeln, was irgendwie mit Weihnachten zu tun hat. Natürlich: die Weihnachtsdekoration in den Schaufenstern, die festliche Beleuchtung, Christbäume in den Häusern und Geschäften, auf allen Plätzen.

Aber es gibt noch viel mehr: das Gasthaus „Zum Dreikönig". Das Hotel „Zum Sternen". Die Anbetung der Könige am Kirchenportal, in Stein gemeißelt. Die Engelgasse. Eine Kinderkrippe. Eine Krippe, die jemand im Garten aufgebaut hat. Die Strohstraße. „Paglia e Fieno" – eine italienische Nudelspezialität, die übersetzt bedeutet: „Heu und Stroh". Lebkuchenduft. Das Weihnachtsaltarbild in der Kirche. Herr Morgenstern im Telefonbuch. Frau Navidad im Telefonbuch. All die kleinen Glitzersterne, die jemand im Schnee verloren hat. Es hört gar nicht auf. So viele Spuren von Weihnachten ...

Kristallsterne

Irgendwann ist auch das schönste Fest zu Ende. Dann kommt eine andere gute Zeit. Auch wenn wir von weißen Weihnachten träumen, kommen oft erst im Januar richtig schöne Wintertage. Wenn alle Weihnachtssterne abgehängt sind, haben jetzt andere Sterne ihren Auftritt: Die Schnee- und Eiskristalle glitzern und funkeln ganz wunderbar.

So kannst du sie ausschneiden:

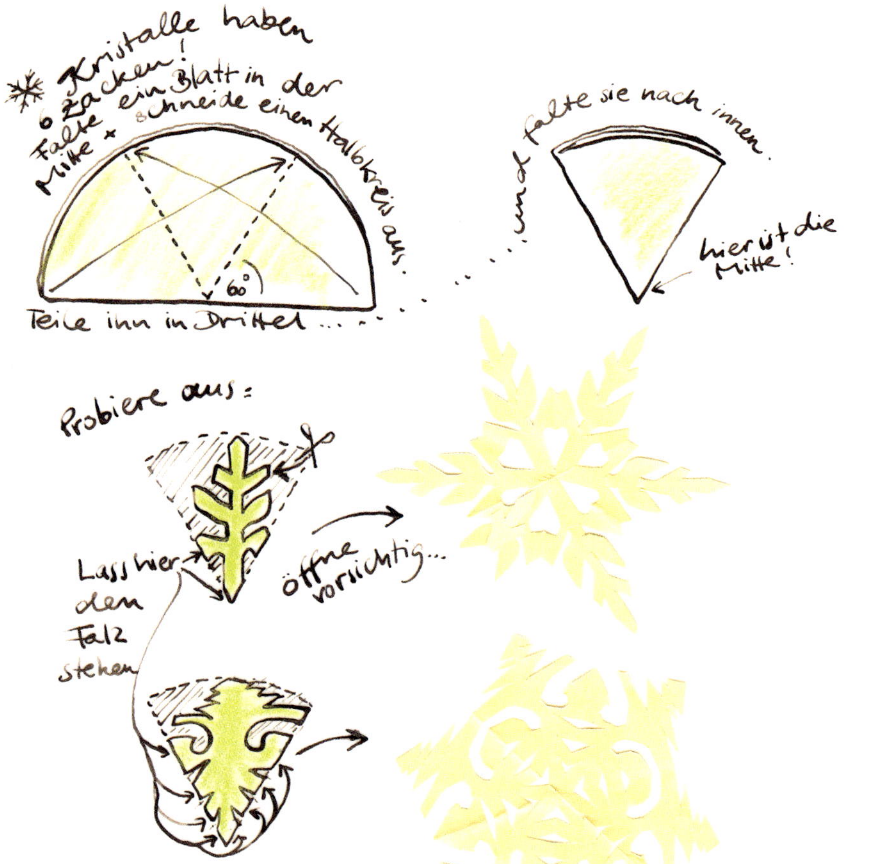

* Kristalle haben 6 Zacken! Falte ein Blatt in der Mitte + schneide einen Halbkreis aus.

Teile ihn in Drittel...

60°

...und falte sie nach innen.

hier ist die Mitte!

Probiere aus:

Lass hier den Falz stehen

öffne vorsichtig...

Verwende Transparentpapier, gib Klebstoff darauf und lass etwas Zucker darauf rieseln.
Oder nimm Haftnotizzettel, so wie ich. Dann kannst Du die Kristallsterne gleich ans Fenster kleben.

WEIHNACHTEN – FÜR MICH!
Mehr als ein Familienfest

Weihnachten ist das Fest der
Familie und der Gemeinschaft schlechthin.
Und es ist auch ein Fest für mich selbst.
Mich selbst kann ich begleiten durch diese Zeit.
Raum schaffen in mir für die Begegnung
mit dem Göttlichen. Ein adventlicher Mensch werden.
Offen sein für Zeichen und Wunder.
Mich beschenken lassen...

Ein Adventskalender für mich

Im Advent sammle ich „schöne Worte". Jeden Tag eines.
Ich schreibe es auf einen Stein. Nehme ihn immer wieder in die Hand.
Lasse es wirken. Höre, was in mir klingt. Spüre, was sich bewegt.
Schaue, was sich tut. Lege Tag für Tag einen Stein dazu.
So wächst eine Kette, eine Spirale, ein Weg hin zu Weihnachten –
ein ganz persönlicher Adventskalender.
Zu Weihnachten oder danach

kann ich die Steine an Freundinnen
und Freunde verschenken. Oder stückweise in fremde Gärten legen, in
dem Park oder in der Stadt, an Bushaltestellen deponieren. „Schöne Worte"
haben Wirkung, davon bin ich überzeugt.

Lichtes Kind

Das ewig Licht geht da herein,
gibt der Welt ein´ neuen Schein;
es leucht wohl mitten in der Nacht
und uns zu Lichtes Kindern macht.
Kyrieleis.

Diese Zeilen von Martin Luther berühren mich jedes Jahr aufs Neue.
Sie stecken verborgen als 4. Strophe in dem Lied „**Gelobet seist Du, Jesu Christ**" (GL 252), dessen Ursprünge schon um 1380 zu finden sind.
Gott als das ewige Licht.
Wir als Kinder des Lichtes.
Der Moment, in dem es sich ereignet:
Weihnachten.

Der Himmel
reißt auf,
strahlende Lichtkraft.
Wir stehen im
strömenden Segen.

Der Himmel
bleibt offen,
wir staunen und hoffen
und gehen dem
Frieden
entgegen.

Weihnachtslied für Eltern

An Weihnachten kommt Gott zur Welt – als Kind, so wie alle Menschen.
Hilfsbedürftig, wehrlos, arglos. Angewiesen auf liebevolle Zuwendung und Versorgung. Ein kleines Menschlein, das noch nach Himmel riecht. Diese Geburt feiern wir Jahr für Jahr neu, wissend, dass damit die Geschichte nicht zu Ende ist. Der Werdegang des Gottessohnes Jesus ist uns vertraut, bis hin zu Tod und Auferstehung an Ostern.
Mein Patenkind Lukas kam schwer behindert zur Welt. Und so ist er noch heute wie das neugeborene Jesuskind: Hilfsbedürftig, arglos, auf liebevolle Zuwendung angewiesen. Mit seiner Ausstrahlung lässt er uns den Himmel ahnen. Die göttliche Herkunft spüren wir in ihm – und in allen Kindern.

2. Gottes Kind kam auf die Erde,
   untrennbar, ins Herz hinein.
   Braucht unsre Liebe bei Tag und bei Nacht.
   Mit ihm, da wachsen wir mehr als gedacht,
   So ist es, so soll es sein.
   So ist es, so soll es sein.

3. Gottes Kind kam auf die Erde,
   über uns: ein heller Schein.
   Ein Engel spricht: Fürchtet Euch nicht,
   Friede sei mit Euch und Zuversicht!
   So ist es, so soll es sein.
   So ist es, so soll es sein.

Gott sucht Herberge bei uns

Im Rahmen der Erstkommunionvorbereitung erlebte ich den Brauch der „Herbergsmuttergottes", andernorts auch „Frauentragen" genannt. Die Volksfrömmigkeit vieler Jahrhunderte steckt darin, gleichzeitig ist die Thematik hoch aktuell. Gerne dürfen Sie aus diesem Text ein Lied machen.

Marie und Josef suchen Platz, doch ach, an jedem Ort
da hören sie denselben Satz: „Geht ihr nur wieder fort!
Wir haben keinen Raum für euch, kein Bett und keine Kammer."
Die Nacht ist kalt, sie sind nicht reich,
dabei kommt doch das Kindlein gleich!
Die Armen, welch ein Jammer!

Gott ist auch unterwegs zu uns, grad hier, an unserm Ort.
Ist unsichtbar, doch wirklich wahr, hofft auf ein gutes Wort.
Drum öffnen wir in kalter Nacht die Tür und laden ein:
Kommt nur herbei, ihr lieben Leut,
bringt Gottes Mutter zu uns heut,
willkommen und herein!

Menschen sind unterwegs zu uns, sind suchend und allein.
Sie bitten uns um einen Platz, kommt, lassen wir sie herein!
Öffnen wir doch in kalter Zeit das Herz und laden ein:
Kommt nur herbei, ihr lieben Leut,
in euch und uns wohnt Gott auch heut,
willkommen und herein.

DIE GABEN DER KÖNIGE –
Lebensgaben für uns

Gott beschenke dich mit dem Gold des Lebens.
Gott verleihe dir Kostbarkeit und Glanz,
helles Strahlen,
Heil für dein Gemüt.
Gott erhalte dich mit der Myrrhe des Lebens.
Gott salbe dich mit der Würde der Könige.
Gott schenke dir Pflege für Leib und Seele.
Gott fördere dich mit dem Weihrauch des Lebens.
Gott schenke deinem Geist Leichtigkeit und Flügel,
die Möglichkeit, sich zu entfalten:
menschenwärts,
himmelwärts.

In all diesen Lebensgaben segne dich Gott,
heute und immer.

Advents- und Weihnachtsfahrplan

Nie sind die Feste und Gedenktage so dicht gedrängt wie in der Weihnachtszeit. Die Menschen früherer Jahrhunderte haben das sehr deutlich gespürt und deshalb auch die innere und äußere Vorbereitung darauf miteinander verknüpft. Auch für uns heutige Menschen ist es spannend und inspirierend zu sehen, wie alles inhaltlich zusammenhängt. Deshalb hier ein kleiner „Advents- und Weihnachtsfahrplan":

„Adventus" wird übersetzt mit „Ankunft des Herrn". Damit ist gemeint: Gott kommt als Mensch auf der Erde an. Die Zeit des Advent ist also die Vorbereitungszeit auf dieses Ereignis.

11.11. Sankt Martin Wenn das Jahr dunkler wird, erscheint dieser Heilige und weist schon auf Weihnachten hin. Erst dann wird es den vollen Lichterglanz geben. Aber das große Fest beginnt mit der kleinen Vorfreude, mit den kleinen Laternenlichtern, die wir an Sankt Martin vor uns hertragen.

1. ADVENT Adventssonntage. Dies ist sowohl der Anfang des Weihnachtsfestkreises wie auch des ganzen Kirchenjahres. Jetzt beginnt die Vorbereitung auf Weihnachten, das Warten auf die Ankunft des Herrn. Alter kirchlicher Brauch sind die „Rorate"-Messen bei Kerzenschein, die an den Werktagen bis Weihnachten abgehalten werden.
Der 1. Advent ist stets der erste Sonntag nach dem 26. November. Je nach Kalender hat der Advent mehr oder weniger Tage, sodass in der Woche nach dem 4. Advent das Weihnachtsfest gefeiert wird. Deutlich wird diese Zeitspanne auch anhand der vier Kerzen am Adventskranz, die im Abstand von einer Woche nach und nach entzündet werden. Der Adventskranz ist mehr als stimmungsvolle Dekoration, er ist ein wichtiges Symbol für die Zeit des Wartens und der Vorbereitung.

4. Dezember Barbaratag Verknüpft mit diesem Datum ist es Brauch, Obstbaum- und andere Zweige zu schneiden. Ins Wasser gestellt, entfalten sich die Blüten im warmen Zimmer gerade rechtzeitig zu Weihnachten – ein Symbol, dass das Leben mit Christus neu erwacht. Eine andere Sitte ist es, Weizenkörner in einer Schale auszusäen (Adonisgärtlein). Dieser wächst bei guter Pflege zu grünen Halmen heran.
Die Gestalt der heiligen Barbara ist historisch nicht gesichert. Der Überlieferung nach lebte sie in der heutigen Türkei oder im Libanon, sie soll um 306 den Märtyrertod erlitten haben. Neben anderen Funktionen wird Barbara als Patronin des Bergbaus verehrt, eine Statue von ihr begleitet oftmals einen Tunnelneubau.

5. Dezember Nikolaustag Vermutlich gab es zwei Bischöfe namens Nikolaus, die im 4. bzw. 6. Jahrhundert an der türkischen Südküste lebten. Aus den

Legenden, die sich um diese beiden ranken, entstand der Heilige, wie wir ihn uns heute vorstellen. Er gilt als Helfer in der Not, als großer Kinderfreund und Wundertäter und wird besonders in der Ostkirche verehrt. Mehr als 100 Legenden sind über ihn bekannt. So soll er seine Stadt vor einer Hungersnot bewahrt und Schiffe aus Seenot gerettet haben. Vor allem bleibt uns die Geschichte der drei armen Schwestern im Gedächtnis, denen er heimlich je einen Klumpen Gold geschenkt haben soll. In Erinnerung daran besucht Sankt Nikolaus auch heute noch die Kinder. Mit seinen traditionellen Gaben wie Äpfel, Nüsse, Lebkuchen sollen die Lebenskräfte in uns gestärkt werden. Vermutlich entstand die Idee des Weihnachtsmanns aus seinem Vorbild. Die beiden sind nicht zu verwechseln, denn Nikolaus trägt stets die bischöflichen Zeichen wie Mitra und Bischofsstab sowie sein goldenes Buch mit sich.

8. Dezember Mariä Empfängnis Dieses Fest ist schon ab dem 9. Jahrhundert nach Christus als „Frauentag" nachweisbar. Frauen mussten an diesem Tag nicht arbeiten, in der Nacht zuvor wurde eine brennende Kerze ins Fenster gestellt. Neun Monate später wird das Fest „Mariä Geburt" gefeiert.

13. Dezember Luziatag Luzia lebte zur Zeit der Christenverfolgung um das Jahr 300 in Syrakus. Ihr Name bedeutet „die Leuchtende". Die Legende erzählt, sie habe den in den Katakomben versteckten Christen Essen gebracht. Um sich im unterirdischen Dunkel zurechtzufinden, soll sie einen Kerzenkranz auf dem Kopf getragen haben. Sie starb als Märtyrin. Der 13. Dezember galt in vorchristlicher Zeit als Mittwintertag, mit dem verschiedenste (Licht-) Rituale verbunden waren. Bekannt ist z. B. der Brauch, Lichterschiffchen schwimmen zu lassen. Besonders in Schweden wurde und wird Luzia in Familie, Schule und Gemeinde gefeiert.

24. Dezember Adam und Eva Es ist kein Zufall, dass der Namenstag der beiden ersten Menschen – laut der Bibel – auch der Tag ist, an dem Gott Mensch wird. Während Adam und Eva der Geschichte nach aus dem Paradies vertrieben wurden, öffnet uns die Geburt Jesu im übertragenen Sinn den Himmel. Früher fanden an diesem Tag „Paradiesspiele" statt, das waren religiöse Theaterstücke.

24. Dezember Heiligabend Für viele Menschen ist dieser Tag der Inbegriff von Weihnachten, eigentlich aber der Vorabend des Weihnachtsfestes. Ursprünglich wurde Jesu Geburt besonders in der mitternächtlichen Christmette begangen. Martin Luther haben wir es zu verdanken, dass bei uns das „Christkind" (der „heilige Christ") die Geschenke bringt, denn zunächst waren eigentlich Sankt Martin und später Nikolaus die Tage, an denen Geschenke verteilt wurden.

25. Dezember Hochfest von der Geburt des Herrn Der Geburtstag Jesu ist so wichtig, dass er gleich mehrere Tage lang gefeiert wird. Während der Heiligabend neben der kirchlichen Feier vor allem zu Hause genossen wird, ist der 25.12. der „Erste" Weihnachtstag. Der Gottesdienst wird mit festlicher Musik und Weihrauch besonders feierlich gestaltet. Am Vorabend konnten wir das eher private Ereignis der Geburt im Stall miterleben, das Hochfest weitet nun unseren Blick hinein in eine größere Dimension.

Wir wissen nicht, an welchem Tag Jesus wirklich geboren ist. Der 25.12. wurde als Feiertag dafür erst im 4. Jahrhundert eingeführt. Sicher ist, dass auch schon die Menschen Jahrtausende zuvor diese Zeit als irgendwie heilig erlebten. Sie feierten Mittwinter (keltisch-germanisch) oder die Geburt der „unbesiegbaren Sonne" (römisch). Auch das 8-tägige jüdische Lichterfest „Chanukka" fällt in diesen Zeitraum, es findet am 25. Tag des Monats Kislev statt.

Christus als das Licht der Welt wird zur dunkelsten Zeit des Jahres geboren – besser hätte der Termin nicht gewählt werden können.

Beginn der 12 „Raunächte" und der Zeit „zwischen den Jahren" (siehe Seite 26)

26. Dezember Zweiter Weihnachtsfeiertag Wie Ostern und Pfingsten wird auch Weihnachten zwei Tage lang gefeiert. Außerdem ist dies der Gedenktag des heiligen Stephanus. Er war der erste Märtyrer der Christen und wurde seines Glaubens wegen gesteinigt. Traditionell wurden an diesem Tag Hafer und Wasser für die Pferde gesegnet, und es fanden Umritte statt.

27. Dezember Tag des Heiligen Johannes Johannes war der „Jünger, den Jesus liebte", wie die Bibel es ausdrückt: Beim letzten Abendmahl lehnte er sich vertrauensvoll an Jesu Brust (Johannes 21,20–24). Zum Gedenken an ihn ist es kirchlicher Brauch, an diesem Tag Wein zu segnen. Jedes Familienmitglied erhält davon ein Schlückchen und spricht dazu: „Ich trinke die Liebe des heiligen Johannes." Das kommt uns vielleicht ein bisschen seltsam vor. Aber es ist auch eine schöne Vorstellung, etwas von dieser Liebesfähigkeit in sich aufzunehmen.

28. Dezember Fest der unschuldigen Kinder Die Bibel erzählt vom Kindermord zu Betlehem (Matthäus 2). Obwohl historisch nicht verbürgt, entspricht der Befehl, alle unter zweijährigen Knaben zu töten, durchaus dem Bild, das wir vom ängstlichen, herrschsüchtigen König Herodes haben. Auch heute noch erleben Kinder unendliches Leid, und wir können zu Gott für sie beten. Kinder und Esel standen an diesem Tag im Mittelpunkt. Zum Gedenken daran, dass ein Esel Maria mit ihrem Kind nach Ägypten trug, wurden zum Beispiel Karotten gesegnet und verfüttert.

1. Sonntag nach Weihnachten Fest der Heiligen Familie (Siehe Seite 62)

29. Dezember Namenstag König David Jesus wurde in Betlehem, der „Stadt Davids" geboren. König David war der Ur-ur-ur-…Großvater von Jesus, das können wir ganz zu Beginn des Matthäusevangeliums lesen. Zwischen ihnen liegen 28 Generationen – ungefähr 1000 Jahre!

31. Dezember Silvester, auch „Altjahrabend" genannt Seinen Namen erhielt dieser Tag von einem Papst. Er wird traditionell auch „Altjahrsabend" genannt. Englischsprachige Länder bezeichnen ihn als Vorabend des neuen Jahres: New Years Eve.

1. Januar Neujahr Von vielen Menschen wird der Jahreswechsel als ein Wendepunkt im Leben wahrgenommen. Was war? Was wird sein? – Solche Fragen kommen dann auf. Die katholische Kirche begeht an diesem Tag **das Hochfest der Gottesmutter Maria und den Gedenktag zum Weltfrieden.**

6. Januar Hochfest Erscheinung des Herrn, Dreikönig Während an Weihnachten die Menschwerdung Gottes im Vordergrund steht, wird an diesem Festtag die Göttlichkeit des Gottessohnes betont. So ist Jesus „wahrer Mensch und wahrer Gott". Die Bibel berichtet von Weisen, die aus dem Morgenland kamen (Matthäus 2,1). Sie sind es, die Jesus als Königskind göttlicher Herkunft erkennen. Ihre Gaben waren teure und seltene Kostbarkeiten.
In der katholischen Tradition werden an diesem Tag Wasser, Kreide und Salz geweiht.

„Taufe des Herrn" am darauffolgenden Sonntag. Mit diesem Tag endet die weihnachtliche Festzeit. Jesus ließ sich erst als Erwachsener von seinem Vetter Johannes im Jordan taufen. Die Bibel erzählt, dass dabei eine Stimme aus dem Himmel zu hören war: „Dies ist mein geliebter Sohn" (Matthäus 3,17). Die Weihnachtsbotschaft des Engels wurde damit bekräftigt. Als Sohn Gottes ging Jesus in die Welt hinaus.

2. Februar Mariä Lichtmess, Darstellung des Herrn 40 Tage nach der Geburt wurde nach jüdischer Tradition das Kind in den Tempel gebracht, um Gott für die glückliche Geburt zu danken. Dies taten auch Maria und Josef. Nachdem das Weihnachtsfest im 4. Jahrhundert auf den 25. 12. festgelegt wurde, entspricht der 2.2. dieser Frist. Früher endete erst an diesem Tag die weihnachtliche Festzeit.
Nun verschwinden endgültig die Weihnachtskrippen und letzten Dekorationen vom Fest. An diesem Tag werden in der Kirchentradition die Kerzen für das ganze Jahr gesegnet. Außerdem kennen wir den Spruch: „Lichtmess, bei Tag ess" – die Tage sind wieder spürbar länger.

Sankt Martin

→ *Ideenfundus für Familien und Erzieherinnen/Erzieher*

RITA EFINGER-KELLER
Und unten leuchten wir
Sankt Martin feiern

Illustriert von Elli Bruder
88 Seiten, vierfarbig
Hardcover, 16 x 24 cm
€ 14,99 / ISBN 978-3-8436-0402-4

Laternen basteln, singen, die Geschichte von Martin hören, Brezeln backen und naschen ... Kinder lieben Sankt Martin! Wenn er durch die Straßen zieht, leuchten oft hunderte von Laternen von kleinen und großen Martinsläufern in der Nacht – und jedes Jahr werden es mehr.
Dieses Buch bietet neue Ideen und wiederentdeckte Schätze, die Familien rund um das Sankt-Martins-Fest begleiten – zum Werkeln, Ausprobieren, Feiern und Stöbern.

Nikolaus feiern – mit neuen Ideen!

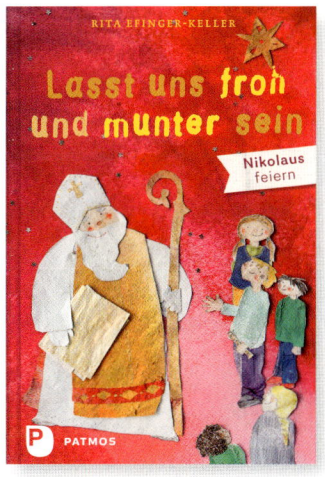

→ eines der beliebtesten Feste in der Familie, in Kindergarten und Schule
→ mit Rezepten, Liedern, Spielen, Geschichten und Bastelideen

RITA EFINGER-KELLER
Lasst uns froh und munter sein
Nikolaus feiern

96 Seiten, vierfarbig
Hardcover, 16 x 24 cm
€ 14,99 / ISBN 978-3-8436-0550-2

Am Abend werden die Stiefel vor die Tür gestellt – und morgens sind sie voll mit Überraschungen und Süßigkeiten! Kein Wunder, dass Kinder den Nikolaustag lieben und ihn sehnsüchtig erwarten. Und auch in Kindergarten und Schule gehört der Besuch des Nikolaus einfach dazu.
Dieses Buch bietet neue Ideen und wiederentdeckte Schätze rund um den Nikolaustag – zum Werkeln, Ausprobieren, Feiern und Stöbern.
Eine kreative und gut gefüllte Schatzkiste für Familie, Kindergarten und Grundschule!

VERLAGSGRUPPE PATMOS
PATMOS
ESCHBACH
GRÜNEWALD
THORBECKE
SCHWABEN

Die Verlagsgruppe
mit Sinn für das Leben

MIX
Papier aus verantwor-
tungsvollen Quellen
FSC® C089473

Für die Schwabenverlag AG ist Nachhaltigkeit ein wichtiger Maßstab ihres Handelns. Wir achten daher auf den Einsatz umweltschonender Ressourcen und Materialien.

Alle Rechte vorbehalten
© 2015 Patmos Verlag der Schwabenverlag AG, Ostfildern
www.patmos.de

Umschlag- und Innengestaltung:
Finken & Bumiller, Stuttgart
Umschlag- und Innenillustration:
Rita Efinger-Keller
Druck: Beltz Bad Langensalza GmbH,
Bad Langensalza
Hergestellt in Deutschland
ISBN 978-3-8436-0689-9